中公新書 2327

野村哲也著

カラー版 イースター島を行く

モアイの謎と未踏の聖地

中央公論新社刊

はじめに

イースター島といえば、誰しも思い浮かべるのは、かの有名なモアイ像だろう。虚空を見つめ、海を背にして立ち並ぶ、謎めいた三頭身の石造彫刻。ミステリアスでいながら、どこかユーモラスでもあるこの石像群は、一〇世紀から一七世紀にかけて、各部族の守り神や墓標として作られたものとされている。

モアイの語源には諸説あるが、島民たちに聞けば、誰しも「生きている顔」のことだという。その名の通り、一見同じように見えるモアイの顔はどれも個性的で、島に約一〇〇〇体ある石像のなかには、赤いモアイ、正座するモアイ、四本の手を持つモアイなどの変わり種も多い。

だがこの島の本当の魅力は、モアイだけでは語り尽くせない。

断崖《だんがい》絶壁に隠された処女の洞窟《どうくつ》アナ・オケケ、水の洞窟アナ・テ・パフ、夏至の日にだけ壁画を照らすアナ・カイ・タンガタなど二〇〇以上もある洞窟群。

瑠璃《るり》色の宇宙のような火口を持つラノ・カウ火山、絶景を見渡す最高峰テレバカ火山、モアイの大製造工場ラノ・ララク火山など七〇以上もの火山群。

生涯の幸福をもたらす幻の緑閃光《りょくせんこう》、グリーンフラッシュ。全土が熱狂の渦に包まれる島のオリンピック〝タパティ祭り〟。さらにはどんなガイドブックにも載っていない、ごく一部の島民だけが知る未開の聖地……。

僕はこれまで、取材で計一五回イースター島に足を運び、現地でしばらく生活してみたこともあるが、この島を観光で訪れる人たちの多くがモアイだけ、それもかなり表層的な部分だけを見て満足していることに、少し残念な思いを抱いていた。

そこでまず、本書の前半では、僕が独自に考えたルートに沿って、モアイの歴史的・文化的背景をできるだけ掘り下げて紹介することに取り組んだ。さらに後半では、滅多に立ち入ることができない最深部への旅を通して、未だ知られざる、隠された島の素顔を描くことに挑戦した。

毎回新たな出会いや発見があるたびに、僕の中でイースター島の存在はどんどん膨らみ、まさに島民たちが呼ぶ「ラパ・ヌイ（大きい島）」へと成長していった。この本は、初めてイースター島に触れようとする人はもちろん、かつてイースター島を訪れた人たちにも、新鮮な驚きを与えられるだろうと信じている。

15体のモアイ「アフ・トンガリキ」が、深紅の雲を仰ぎ見る

目次

地図作成・DTP　市川真樹子

グレート・トレック（アフ・テベウからアナ・ケナまで）
アナ・ケナ
アフ・ナウナウ
アフ・アトゥレ・フキ
パパ・バカ
オバヘ・ビーチ
テ・ピト・クラ
（モアイ・パロ）
マウンガ・バイア・ヘパ（280m）
顔面彫刻
モアイ・チーコ
アナ・モレタマ・プク
アナ・オケケ洞窟
マウンガ・プーイ火山
（タパティ祭りの山滑り
ハカペイの会場）
マウンガ・テアテア
（220m）
プアカティキ火山
（410m）
ポイケ半島
モアイ・テトカンガ・ア・ラノ
モアイ・コ・トゥウ・
ホトゥ・イティ
白いモアイ
（モアイ・テアテア）
アフ・トンガリキ
（15 体のモアイ）
モアイ・ホトゥ・イティ
モアイ・トゥク・トゥリ
モアイ・ヒロヒロ
イースター島
ラノ・ララク
（モアイの石切り場、
タパティのトライアスロン会場）
日本
太平洋
ハワイ
ピトケアン諸島
ポリネシア
ニュージー
ランド
チリ
タヒチ
イースター島

北部のモアイ（巨大なスロープ）（アフ・ポイポイ）
笑っているモアイ（モアイ・アロ・コレウ）
アナ・マケ・マケ
オモヒ湾
ハンガ・オテオ
アフ・マイタキ・テ・モア
テレバカ火山
（511m）
ハイビスカスの洞窟
アフ・テペウ
アナ・テ・パフ
（水の洞窟）
アナ・カケンガ
モトゥ・タウタラ（小島）
バイテア集落
アフ・アキビ
（7体のモアイ）
イースター島博物館
アフ・ハンガ・キオエ
タハイ儀式村
ハレ・バカ
ハレ・モア
アフ・コテリク（眼の入ったモアイ）
アフ・タハイ
アフ・バイウリ
ハンガ・バレバレ
アフ・タウティラ
アフ・リアータ
プナ・パウ
（赤い帽子の石切り場）
ハンガロア村
アタム・テケナ通り
テピト・オテヘヌア通り
アフ・アカハンガ
アナ・カイ・タンガタ
（夏至の日に
壁画を照らす洞窟）
マタベリ空港
アフ・タヒラ
バイフー地区
アフ・ビナプー
（聖なる石）
タウラレンガ
女性のモアイ
ラノ・カウ火山
（324m）
ビナプー
マタ・ンガラウ
モトゥ・カオカオ
オロンゴ
アフ・フリ・ア・ウレンガ
（4つの手を持つモアイ）
モトゥ・イティ
モトゥ・ヌイ島
（セグロアジサシの営巣地）
バイフーのモアイ
（アフ・ハンガ・テエ）
0 1 2 3 4 5km

島に立つ45体のモアイ

アナ・ケナのアフ・ナウナウ（7体）とアフ・アトゥレ・フキ（1体・右下）

7体のアフ・アキビ

15体のアフ・トンガリキとモアイ・ホトゥ・イティ（右下）

タハイ儀式村には5体のアフ・バイウリ（1段目）とアフ・タハイ（1体・2段目左)、唯一眼の入ったアフ・コテリク（1体・2段目右）がある
3段目左からアフ・タウティラ、アフ・ハンガ・キオエ、アフ・ハンガ・テエ、アフ・フリ・ア・ウレンガ、4段目左からアフ・リアータ、北部のモアイ、女性のモアイ

第一章　モアイの島

ラパ・ヌイ

イースター島は、南太平洋ポリネシアの東端（西経一〇九度二二分、南緯二七度七分）に位置する、チリ領の火山島である。総面積はわずか一六三・六平方キロメートルで、瀬戸内海に浮かぶ小豆島《しょうどしま》ほどの大きさしかない。島を領有する南米チリとは東に三七〇〇キロメートル、人の住む最も近い陸地、ピトケアン諸島ですら西に二〇〇〇キロメートルも離れており、まさに絶海の孤島という表現がふさわしい。

一七二二年四月五日、オランダ人の提督ヤコブ・ロッフェーヘンが、ヨーロッパ人として初めてこの島に渡来し、その日がちょうどキリスト教の復活祭だったことから、オランダ語で「パッシェン・エイラント（復活祭の島）」と命名。これが英語で「イースター・アイランド」、チリの公用語スペイン語で「イスラ・デ・パスクア」となったが、島民たちは誰もそんなふうに言わず、現地語で〝大きい島〟を意味する「ラパ・ヌイ」と愛着をもって呼ぶ。

洋上にポツンと浮かぶイースター島は、まさに絶海の孤島だ

日本からイースター島へは直行便がないので、チリのサンティアゴかタヒチのパペーテを経由することになる。チリ経由なら約二六時間、タヒチ経由なら約一七時間半のフライトの果てに、この謎めいた三角形の島に辿《たど》り着く。

ハンガロア村

イースター島の中心地は、空の玄関ロマタベリ空港からほど近いハンガロア村だ。現地のラパ・ヌイ語で、ハンガは〝湾〟、ロアは〝長い〟。その名の通り、海岸線に沿って南北に細長く村が作られている。一時間もあればすべて回れてしまうような小さな村だが、島の政治や経済の中心となっており、全人口約五七〇〇人のうち九割近くがここに住んでいる。

ハンガロアは、島内唯一の村

ハンガロア村には、観光拠点として必要なものはひと通り揃《そろ》っている。南北を貫くアタム・テケナ通りには、役場や銀行、カフェ、レストラン、ミニマーケット、魚市場、薬局などが立ち並び、東西を結ぶテピト・オテヘヌア通りには、教会、ホテル、消防署、インターネットカフェ、図書館、郵便局などが軒を連ねる。ほとんどが平屋造りなのは、島の条例でモアイより高い建物を作ることが制限されているためだ。

イースター島には公共の交通機関というものがなく、ツアー以外の移動手段はタクシーかレンタカーになる。ここはぜひ欧米人観光客のようにレンタカーを利用して、自由に島を周遊してほしい。村にはたくさんのレンタカー会社があり、パスポートと国際免許証があれば誰でも気軽に借りられる。ただし左ハ

東西を貫くテピト・オテヘヌア通りは、村のメインストリート

ンドル、右側通行なので慣れるまで少し注意が必要だ。

モアイルート

ここからは、僕が独自に考えたお勧めの「モアイルート」を周遊するような形で、各スポットの歴史や文化をできるだけ丁寧に解説していきたい。だいたい朝の九時から夕方五時くらいまでかけて、島全体を時計回りに移動していくようなコースだ。

ハンガロア村で車を借りたら、まずは島の北部にあるアナ・ケナを目指そう。村からの距離は約一七キロメートル、一本道なので運転もしやすい。ユーカリの木々が密集し、清涼な香りが漂うバイテア集落を抜けたら、右手にコニーデ型のマウンガ・プーイ火山が見えてくる。そこから海に向かって左へ巻くように下りていけば、島で唯一遊泳できるアナ・ケナのビーチはもう目の前だ。

①アナ・ケナ

イースター島を初めて訪れた人は、アナ・ケナに広がる、絵に描いたような楽園風景にきまって驚かされる。紺碧《こんぺき》の空、エメラルドグリーンの海、真っ白な砂浜。周囲を取り巻く豊かな椰子《やし》の木々は、一九六〇年代にタヒチから砂ごと一緒に輸入されたものだ。連日催行されるモアイツアーの多くが、時間との兼ね合いでアナ・ケナを後回しにしてしまうが、島の歴史が始まったこの場所からのスタートを、ぜひお勧めしたい。

伝承によれば、西暦六〇〇～九〇〇年頃のどこかで、航海術に長《た》けたポリネシア人のホトゥ・マトゥア王とその一行が、入植者として初めて島へ辿り着き、この浜に上陸。当時はハンガ・モリ・ア・オネ（光り輝く砂の湾）という名だったが、その後アナ・ケナと呼ばれるようになった。アナは〝洞窟〟、ケナは〝渡り鳥〟。名前の通り、近くには今も鳥の住む小さな洞窟がある。

アナ・ケナの見どころは、アフ・ナウナウと、アフ・アトゥレ・フキの二ヵ所。ちなみにア

南国のイメージそのままのアナ・ケナ。椰子はタヒチから移入されたもの

フとは、モアイを乗せる石造りの台座のことを指すが、一般に「アフ・〇〇」という名は、モアイと台座をセットで表すケースが多い。二ヵ所とも砂浜に建てられているので、五感をフル活用するためにも、ぜひ靴を脱いで素足で巡ってほしい。

アフ・ナウナウ

アナ・ケナの駐車場から、キメの揃った白い砂浜を三〇〇メートルほど東に歩いていくと、傾斜のついた立派な台座、アフ・ナウナウが見えてくる。台座の上に立ち並ぶのは、端正な顔つきをした合計七体のモアイ。そのうち四体は、頭に帽子のような赤色のプカオ（後述）を乗せた珍しいもので、同様のモアイはここ以外にわずか二体（アフ・トンガリキとアフ・コテリク）しか存在しない。

モアイの全身に施された彫刻は、島有数の美しさを誇るものだ。シャープな顎《あご》のライン、彫りの深い目の窪《くぼ》み、少し上を向いた唇、長く大きな福耳、行儀よく揃えられた長い指、そして出っ張ったヘソと杖《つえ》（男性器）。背後に回ると、渦巻き状の入れ墨が入ったお尻《しり》に、ぎゅっとふんどしまで締められている。また右から四番目と五番目のモアイの間に刻まれているのは、写実的なトカゲのペトログリフ（岩石彫刻）だ。全体的に保存状態が良いのは、台座とモアイが、長いあいだ砂浜に埋まっていたためだと考えられている。

右から三番目のモアイの下をよく見ると、別のモアイの頭がはめ込まれていることに気づく。

これは古代ラパ・ヌイ人が台座を新築する際、古い台座やモアイの一部を再利用した「台座更新」の証拠だとされ、同様のものが数ヵ所見つかっている。

一九七八年、島の先住民考古学者セルヒオ・ラプが、この台座の再建中に発見し、世界を驚

アフ・ナウナウ　７体のモアイが台座の上に並ぶ。最初に訪れた入植者は、この浜に上陸した

アフ・ナウナウの台座の裏側へ回ると、トカゲのペトログリフが刻まれ、以前祀られていたモアイの頭がはまっている。目の窪みがあるものは、過去に一度でも台座に立ったことがあるモアイ。窪みのないものは、たとえ台座の近くに倒れていても、立ったことがないことを物語る

かせたのが「モアイの眼」だ。いくつかのモアイの顔には、若干上を向くように削られた二つの窪みがあり、島の別名「マタキテランギ（空を見上げる眼）」の由来にもなっている。この窪みに、発掘された遺物がぴたりとはまり、〝モアイの眼、見つかる〟のニュースとなって世界中に発信されたのだ。

アフ・ナウナウ　台座に立つモアイで、これほど美しい文様が残っているものはない

アフ・アトゥレ・フキ

アフ・ナウナウの北東側に立つのが、アフ・アトゥレ・フキだ。一九五六年、ノルウェー人の探検家トール・ヘイエルダール（後述）が、自説のモアイ建立方法を検証するため、一一人の助手やハンガロア村の村長と共に、一八日間かけてこのモアイを台座に立たせることに成功。これが島

アフ・ナウナウ
夕日が落ちると、モアイの上に金星が瞬きはじめる

アフ・アトゥレ・フキ　別名、ホトゥ・マトゥア王のモアイと呼ばれ、島内でとても大切にされているモアイ。頭上の鳥は、ハヤブサの仲間カラカラ・チマンゴ

で再建された最初のモアイとなった。

全体的にずんぐりむっくりしたアフ・アトゥレ・フキは、モアイ制作時代の初期に作られたと考えられている。一般に、初期のモアイは丸みを帯びた人間っぽい形をしているが、時代が進むにつれ、アフ・ナウナウのようなシャープな顔立ちになっていくからだ。がっしりとした肩幅や力強い容姿などから、最初の入植者ホトゥ・マトゥア王のモアイと呼ばれることもある。

モアイのすぐ脇《わき》から登山道が伸びているので、ぜひ山頂からの眺めを堪能《たんのう》してほしい。アフ・アトゥレ・フキの細長く平たい頭頂部を見下ろしながら、大海原とアナ・ケナビーチの絶景を望むことができる。

テ・ピト・クラ　台座に立ったことのあるモアイのなかでは最大のモアイ・パロ。高さは12m、重さは90tにも及ぶ

②テ・ピト・クラ

アナ・ケナからの未舗装路を、砂塵《さじん》を巻き上げながら東へ三キロメートルほど走ると、左手の海沿いに新たな台座が見えてくる。空地に車を止め、草原の細道を降りたところに「テ・ピト・クラ（光のヘソの意）」の看板と石垣の入口。そこから海岸へと下っていった途中に、大きな台座と、うつ伏せになったモアイ・パロがある。

ペルーの奴隷船が多くの島民を拉致《らち》したときに（後述）、大半のモアイの名も失われてしまったが、モアイ・パロはかろうじて元の名前が残された。北部の女性が夫の死を悼んで作らせたとされるこのモアイは、細長い顔と、その巨体を支えるための分厚い胴体が特徴で、高さは一二メートル、重さは九〇トン、完成して台座に立てられたものとしては島内最大である。一八三八年、フランス人探検家アベル・ドゥ・プティ・トワーズが島を訪れたときは、まだ台座の上にあったが、二年後のモアイ倒し戦争（後述）で倒壊。これを最後に、台座に立つモアイは一体もなくなってしまった。

コラム　モアイは誰が作ったのか？

「モアイは宇宙人によって作られた」という、まことしやかな説がある。これはスイス人考古学者エーリッヒ・フォン・デニケンが説いて広まったものだが、残念ながら信憑《しんぴょう》性は薄い。アナ・ケナに最初に上陸したホトゥ・マトゥア王とその一行は、そのルーツであるポリネシアの文化や価値観をそのままイースター島に持ち込み、初期の時代は誰かが亡くなると、小石を積み上げて墓を作り、その上に木か石で作った像を置いて祈った。この祀《まつ》り方は、東ポリネシアのマラエ（石組みの神殿）やハワイのヘイアウ（祭壇）など、ポリネシア全域で見ることができるもので、やがてこの墓は時代と共に更新されていった。台座（祭壇）から数多くの人骨が発掘されたことからも、台座やモアイは、ホトゥ・マトゥアの末裔《まつえい》が、墓や墓標として作り上げたものだという説が有力だ。

台座の西側に、不思議な霊力を持つといわれる石、テ・ピト・オ・テ・ヘヌア（地球のへソ）がある。石垣で囲まれた空間に鎮座する直径七五センチの球形の大石がそれで、この大石は周囲に配された四つの小さな石よりも常に熱く、コンパスを乗せると針がくるくると回転しつづけてしまう。そのためホトゥ・マトゥア王が故郷から持ち込んだ、マナ（霊力）の入った石だとされ、方位が測れないのは、ここが世界の中心であるためだと長く信じられてきた。最新の地質学調査によって、石はイースター島北海岸の由来で、コンパスを狂わせた原因も多量に含まれた鉄分のせいだと判明してしまったが、それでも、なぜかこの石の前にくると、触ってみたいという衝動にかられてしまう。静かに額をつけてみると、陽だまりのような温もりが体内へ流れ込み、石の内側に引き込まれていくような感覚に陥る。僕の場合はその後、瞼《まぶた》の裏

テ・ピト・オ・テ・ヘヌア　地球のヘソと呼ばれ、長年、マナ（霊力）が入った石として祀られてきた

パパ・バカ　テ・ピト・クラのほど近くにある。岩にはマグロやサメ、タコ、亀、釣り針などのペトログリフが見られ、島最大12mのカヌー（バカ）も彫られている

に赤い光がチラチラと瞬き出し、決まって見知らぬ人の顔が浮かんでくる。島の友人によれば「親族で何か重大な決断を下すときは、この石に額を当てると良いヒントをくれる」らしい。彼自身は、結婚の時期をこの石に教えられたそうだ。

コラム　モアイ倒し戦争　フリ・モアイ

島が最も繁栄し、モアイ制作が最盛期を迎えた一六〇〇年前後、島の人口はわずか数十年で約二倍から四倍に膨らんだ。農地に恵まれないイースター島は、深刻な食料不足に見舞われ、島民は一二の部族に分かれて資源の争奪戦を激化。守り神であるモアイを互いに引き倒し、マナの力を削《そ》ぐため、その眼を粉々に砕いた。この一連の争いをモアイ倒し戦争＝フリ・モアイと呼び、その後一五〇年ほどで島内のすべてのモアイが倒されてしまった。現在の島には、放置されたものや作りかけのものまで含めると一〇〇〇体近くのモアイが確認されているが、再建されたモアイはそのうちのわずか四五体に過ぎない。

③アフ・トンガリキ

馬や牛が悠々と草を食《は》む風景のなか、テ・ピト・クラからさらに東へ。左にポイケ半島を見ながら七キロメートルほど南下した海岸沿いに、壮大なスケールの台座、アフ・トンガリキが姿を現す。台座の全長はなんと約一〇〇メートル、その上に一五体ものモアイが立ち並ぶ姿は、まさに圧巻のひとことだ。高さ五～八メートル、重さ四〇～八〇トンの大型のモアイは、当時最も権勢を振るった部族が作ったものとされ、イースター島はもちろん、ポリネシア全域でも最大の建造物となっている。

アフ・トンガリキの御来光は、島で最も印象に残る風景のひとつだ。僕は以前、許可をもらい、早朝のアフ・トンガリキ上空にヘリを飛ばして撮影したことがある。深紅に燃える水平線から、ゆっくりと太陽が昇ってくると、雲は飛び火するように焼けて、あたり一面が黄金色に染まっていく。モアイの背中は朱色に輝き、草原の大地に並ぶ一五本の影が、ラノ・ララク火山へ向かって長くゆっくりと伸びていく。それはまるで、地球創世の一場面を見ているような荘厳な光景だった。

時間さえ許せば、ここは夜に訪れるのもいい。島の中心地ハンガロア村から車で三〇分、距離にして二〇キロメートルも離れているため、村の明かりに影響されず、実に美しい星空が眺められる。新月の夜は、天の川はもちろん、大小のマゼラン星雲やプレアデス星団まで肉眼で確認でき、また満月の夜は、青白く輝く海を背景に、白くおぼろげに浮かび上がるモアイを目にすることもできる。

ある満月の晩、アフ・トンガリキで撮影していると、空は晴れているのに、突然雨が降り出してきた。雨脚がさらに強まってきたので、撮影を切り上げてハンガロア村に戻ろうとする途

アフ・トンガリキ　島内最大の建造物「アフ・トンガリキ」には、15体の巨大なモアイが立ち並ぶ

アフ・トンガリキはハンガロア村から最も離れているため、天の川はもちろん、マゼラン星雲まで肉眼ではっきりと見える

アフ・トンガリキからの帰り道、月の虹「ムーンレインボー」が出現した

中で、ラノ・ララク火山の近くに、ぼんやりと白いアーチが架かった。生まれて初めて見る、月の虹《にじ》「ムーンレインボー」だった。

コラム　日本とモアイの御縁

アフ・トンガリキの再建には、日本企業が一役買っている。一九六〇年五月、南米チリでM九・五の大地震が発生、巨大津波がイースター島はもちろん、遠く日本やフィリピンにまで甚大な被害をもたらした。島で最も低い場所にあったアフ・トンガリキもひどい損傷を受け、長らく放置されていたが、一九八八年、日本のテレビ番組「世界ふしぎ発見」がこの話題を取り上げたことから、クレーン会社タダノが支援を表明。タダノは五〇トン吊《づ》りクレーンや修復機材、発掘用の道具などをすべて無償で供与し、現地に専門の技術スタッフまで派遣した。その甲斐《かい》あって一九九五年、一

アフ・トンガリキの近くに、創造神マケ・マケのペトログリフが刻まれている

モアイ・ホトゥ・イティ

五体のモアイは見事に台座上に再建された。

また、アフ・トンガリキの近くにあるモアイ・ホトゥ・イティは、一九八二年、大阪のエキスポランドで開催された「世界の謎　イースター島巨石像展」で来日しており、島ではモアイ・ハポネス（日本のモアイ）の愛称で親しまれている。

④ラノ・ララク

アフ・トンガリキから、南海岸を西へ向かって二キロメートルほど走ると、右手に急峻《きゅうしゅん》な火山が見えてくる。岩肌がむき出しになった山麓《さんろく》に、ポツポツと点在する黒い影。目を凝らせば、それがモアイの上半身なのだと気づくだろう。そう、ここがイースター島観光のハイライト、ラノ・ララクのモアイ採掘場だ。

一般には採掘場と呼ばれているが、モアイの原材料を掘り出す石切り場と、モアイを造形するデザイン工房を兼ね備えた、モアイの〝巨大製造工場〟のような

ラノ・ララク火山の麓に、制作途中のモアイが放置されている

場所になっており、島に存在する約一〇〇〇体のうち、実に九割以上のモアイがここで作られている。

ラノ・ララクで大量のモアイが生み出された理由には、島で唯一、凝灰岩が採掘できる場所だったことが挙げられる。火山灰や火山砂の堆積《たいせき》でできるこの軟質の岩は、水を吸うと柔らかくなるため、モアイを彫るのに最適とされたのだ。

ラノ・ララクには、噴火口を中心とする一帯に、合計三九七体ものモアイが残されている。首まで土に埋まったもの、傾斜を利用して棚状に彫られたもの、洞窟内に作られたものなど様々なタイプがあり、山頂へ近づくにつれてその数を増していく。未完成品から完成品まで、その多様なバリエーションから、モアイの各制作ステップを推察することができる。

モアイの制作ステップ

ラノ・ララクには、大勢のモアイ彫り職人が常駐し、各部族の注文に応じてモアイを製造していたという。モアイ制作はまず、山の斜面にモアイの簡単な輪郭線を描き、水をかけて岩を柔らかくすることから始まる。その輪郭線に沿って、凝灰岩よりも硬い玄武岩などの石斧《せきふ》で少しずつ岩を削り取っていき、細かいところは黒曜石などで丁寧に仕上げていく。こうして顔や胴体の彫刻が進められるのと並行して、側面や背面を切り出していくが、背骨にあたる部分の石柱だけは残しておく。その姿は、さながら〝空中に浮かぶモアイ〟といったところだ。前面の彫刻が終わると、背中の支柱を切り離し、山の斜面を滑らせて、あらかじめ掘っておいた穴に立て、背中の彫刻の仕上げにかかる。この作業のあと、島中に張り巡らされたアラ・オ・テ・モアイ（モアイの道）を通って、各部族の領地へと運び込まれたモアイは、台座の前で両目の窪みが削られ、最後に眼を取り付けられて完成する。いくら彫刻しやすい岩だとはいえ、一〇～二〇メートルもあるモアイを切り出すのは容易なことではなく、高さ四メートル、重さ一二トンのモアイを作るのに、三〇人がかりで一年半かかったという伝承もある。

一六八〇年頃をピークにモアイが作られなくなると、火口に豊富な水のあったラノ・ララクは、簡便な農地として使われるようになった。モアイの制作時に掘り起こされた土や削りカスは少しずつ元の場所へと戻され、未完成のモアイも次々と埋められていった。

個性的なモアイたち

ラノ・ララク一帯は国立公園になっていて、山腹を一周するトレイル（遊歩道）を利用すれ

モアイの制作過程
㊤ 傾斜を利用し、無駄なくモアイは切り出される
㊦ 背骨部分の石柱は、最後に削られ、切り離される

ラノ・ララクには個性的なモアイが多い。モアイの道を巡りながら散策する

左 296、右 297　背面の仕上がりから、完成具合が分かる

ば、主だったモアイを見学することができる。公園の入口から、トレイルを山側へ二〇〇メートルほど行ったあたりに、左が「火口の道」、右が「モアイの道」と示された分岐の看板があるので、右の道をゆるやかに上っていこう。最初に見えてくるのが、体長一二メートルのモアイ・ピロピロで、美しい鼻筋と精悍《せいかん》な顔立ちを持った、ラノ・ララクで最も人気のあるモアイの一つだ（一四九ページ参照）。

そのまま道なりに行くと、右の急斜面に、白文字で二九六、二九七とナンバリングされた二体のモアイが並んでいるので、ぜひその完成度の違いを見比べてほしい。手前の二九六は耳や顎のラインが精巧で、背中もすべすべしており、おそらくこれは完成して運搬を待つばかりのモアイ。一方、二

60年前にトール・ヘイエルダールによって発掘されたモアイ（左上。©Museo Antropologico P. Sebastián Englert）と現在のモアイ（左下）。掘り起こした場所だけ草の生え方が違う
㊤ モアイ・コ・トゥウ・ホトゥ・イティ。お腹に船が描かれている

九七は全体に粗削りでディテールを欠き、これからまだ手を加える必要がありそうな未完成のモアイだということがよく分かるはずだ。

近くには、ノルウェーの探検家トール・ヘイエルダール（後述）が、約六〇年前に発

掘したモアイがある。今は埋め戻されているが、頭部の約二倍の大きさの胴体が地中に埋まっている。

しばらくまっすぐ行き、突き当たりを左に上ったところに、お腹《なか》に船の描かれた面白いモアイ、モアイ・コ・トゥウ・ホトゥ・イティ（南方の船）がある。彫刻された船の絵は、三つの

上 島で唯一正座しているモアイ・トゥク・トゥリ
下 背後に回ると、お尻と足裏が魅力的。このモアイがいつ頃、何のために作られたかは謎だ

柱と正方形の帆を持つ立派なもので、デッキの上には人間の姿まで見える。船の右側にある錨《いかり》のような線をまっすぐ下に辿ると、土の中にはウミガメの彫刻が埋まっている。このモアイは、一八世紀に島にやってきたヨーロッパ人の船を、記録に残したものといわれている。素朴な小型のカヌーを常用したラパ・ヌイ人にとって、ヨーロッパ船の大きさや構造、デザインは後世に残すべきと思わせるほどの驚きを与えたのだろう。

石の階段を上り、横たわる二体のモアイを過ぎて、右の小道を下っていくと、そこに待っているのが、ラノ・ララクで最も個性的といわれるモアイ・トゥク・トゥリだ。ラパ・ヌイ語で、トゥク・トゥリは〝ひざまずく〟。島にある一〇〇〇体のなかで、ただ一つ足があるモアイだ。

一九五五年、トール・ヘイエルダールが、丸みを帯びた子供のような顔のモアイを発掘調査。胴体が出てきたところまでは他のモアイと同じだったが、さらに掘り進めると、その下から折り畳まれた足が現れ、現場は騒然となった。

両手を膝《ひざ》の上に置き、ちょこんと正座した足元は、後ろから見るとより分かりやすい。他のモアイとあまりに形が異なること、祭りの際に島民たちが正座することなどから、台座に立てるのではなく、何らかの宗教的儀式のために、特別に作られた一体ではないかと考えられている。

来た道を戻り、横たわる二体のモアイのところで、今度は山側の道を上っていくと、モアイ・テトカンガ・ア・ラノ（モアイ・ヒガンテ＝巨人の意）を仰ぎ見ることができる。体長二

未完のモアイ・テトカンガ・ア・ラノは、体長21.6m、重さは250tを超える

一・六メートル、重さ二五〇トンを超えるこのモアイは、完成していたら間違いなくイースター島で最大のモアイとなったはずだ。

モアイの運搬について

ラノ・ララクから切り出されたモアイは、採掘場から台座まで、近くて数キロメートル、遠くて二〇キロメートル以上もの距離を運ばれた。では何十トンもあるモアイを、どのようにして運搬することができたのか。その方法については、①木製の橇《そり》の上に仰向けにしたモアイを、縄にくくりつけて引っ張った、②同様の橇にモアイを腹ばいに縛りつけ、二本の丸太で作った支柱にぶら下げて、スイングさせながら進んだ、③何十本もの丸太の上に乗せて転がしていった、④バナナの皮を大地にばらまき、モアイを滑らせながら引っ張った……など数多くの仮説が唱えられている。そのなかで、ハワイ大学の考古学者テリー・ハントとカリフォルニア州立大学のカール・リポが二〇一一年に行った実験が、非常にユニークなものとして話題を呼んだ。

モアイはお腹がでっぷりと突き出ているため、まっすぐに立たせると前に倒れそうになる。そこでまず、一本のロープをモアイに巻きつけて、倒れないように後ろから引っ張る。さらに右と左の脇に、ロープを一本ずつ結わえつけ、前から右、左と交互に引いていく。すると特に大きな力で引っ張らなくても、前のめりになる力を利用することで、まるで人間が歩くように前に進んだのだ。二人の研究者は、高さ三メートル、重さ五トンの複製のモアイを、一切の重機を使わず、わずか三本のロープと一八人の人間だけで数百メートル動かすことに成功した。彼らはこの方法論を「モアイは自分で歩いていった」という、島の伝説をヒントに考え出したのだという。

ちなみに台座へのモアイの乗せ方については、ほぼ解明されている。

「モアイは自分で歩いていった」。その方法で現在実験が続けられている

運搬方法の謎とは別に、台座へのモアイの乗せ方はほぼ解明されている（2点共 ©Museo Antropologico P. Sebastián Englert）

まず台座の上にモアイをうつ伏せにし、頭にロープを巻きつけて後方に引っ張り上げる。頭部が少し浮き上がったところに、突っかえ棒を差し込み、できた隙間《すきま》に小石を詰め込む。さらに引っ張り上げ、小石を詰め、傾斜を作っていく。その繰り返しの末に、やがてモアイは台座の上に立ち上がるのだ。

アフ・アカハンガ　上空から見下ろすと、右端の２体だけが仰向けになっていることが分かる

⑤アフ・アカハンガとアフ・ハンガ・テエ（バイフー）

台座の再建がはじまると、その周辺に残された考古学的な情報の多くは失われてしまう。逆にいえば、未だ再建されていない台座は、新たな知見が得られる貴重な資料の宝庫ともいえる。例えばアフ・アカハンガとアフ・ハンガ・テエは、ほぼ三〇〇年間、石ころ一つも動かされていないため、ジェームズ・クックら一八世紀の冒険家たちが当時見たものと、ほぼ同じ状態のものを目にすることができる。

アフ・アカハンガ

ラノ・ララクから、海沿いの道を八キロメートルほど西へ行ったところが、アフ・アカハンガだ。ほとんどのモアイはモアイ倒し戦争でうつ伏せに倒されたが、ここにある一二体のモアイは左から右へ将棋倒しにされ、右端の二体だけが台座から転がり落ちて、仰向けになっている。

はじめ部族の守り神や墓標として作られたモアイは、次第に権力の象徴となり、巨大化していく。その変遷がよく分かるのがこの台座で、モアイの増設に伴って延長されていったため、左側の五体に比べて、右側の七体のほうがより大きくなっている。

島の伝承によれば、最初の王ホトゥ・マトゥアは、妻バカイ・ア・ヘバと口論の末、アナ・ケナの家を去り、ここアフ・アカハンガの近くで残りの日々を過ごした。王が息を引き取ると、息子たちはその遺体を近くに埋葬したが、不幸なことに頭蓋骨《ずがいこつ》だけが何者かに盗み去られてしまったという。そんな話から、アフ・アカハンガこそが王墓ではないかと考える人々も多いが、それを裏付ける考古学的な証拠は未だ見つかっていない。ただアフ・アカハンガに、再建された他の台座とは異なる、独特の雰囲気が存在するのは確かだ。たとえれば、神社の拝殿で感じるような静謐《せいひつ》な空気感とでもいったらいいだろうか。アフ・アカハンガを前にすると、思わず手を合わせてしまいそうな神妙な気分になることがある。

アフ・ハンガ・テエ（バイフー）

アフ・アカハンガから、さらに三キロメートルほど西にアフ・ハンガ・テエがある。昔は八体のモアイすべてに赤い帽子のようなもの（プカオ）が被《かぶ》せられていたが、モアイが倒されたときにバラバラになり、そのうちの二つが海まで転がっていってしまった。

その昔、高貴な人々は、神や王からマナ（霊力）をもらうために髪を切ることが許されず、

アフ・ハンガ・テエ　8体のモアイがうつ伏せに倒され、いくつかのプカオが転がっている

長い髪を束にして編み込み、髷《まげ》を結っていた。プカオはその髷をかたどったものである。

　アフ・アカハンガよりも海に近く、常に潮風と飛沫《しぶき》にさらされているため、アフ・ハンガ・テエのモアイは損傷が激しい。首が折れ、背中に亀裂が入り、頭や胴体の判別すらできなくなったモアイたちは、やがて静かに大地に還《かえ》っていく運命にある。

　台座の手前には、サークル状に石が並べられ、真ん中に石の棒が立った「パイーナ」がある。主に先祖崇拝の儀式や、モアイに眼を入れるための聖域として使われたもので、文献によると儀式のなかには数日間続くものもあったという。

先祖崇拝の儀式などに使われた聖なる円「パイーナ」とアフ・ハンガ・テエ

一度だけガイドに許可を得て、パイーナの内側に入らせてもらったことがある。中心に腰を下ろして目を瞑《つぶ》ると、さっきまで吹いていた風が止《や》み、ぬくもりのある温かな陽光が背中を抱いた。瞼の裏にプラチナ色の光が射《さ》し込み、体の内部が熱くなっていく。自分と外界の境目が溶け、一体化していくような感覚のなか、ふと僕の頭には南米最古の神殿、ペルーの「カラル遺跡」のイメージが浮かび上がってきた。カラル遺跡が発見されたとき、五五〇〇年前の神殿の最上階にあったものは、祈りを捧《ささ》げるための場と火を焚《た》いた跡だった。その祈りの場は、パイーナ同様、サークル状の石と棒状の石で構成されているのだ。遠く離れた二つの場所で、神と繋《つな》がるために考えだされた、似たような方法論。太古の昔から、祈りと共に生き、祈ることで神に近づこうとした人々の、空間を超えた不思議な結びつきに思いを馳せずにはいられなかった。

コラム　トール・ヘイエルダール（一九一四～二〇〇二年）

ノルウェーの探検家、文化人類学者。オスロ大学で海洋学と地質学を学ぶ。一九三七年、フランス領ポリネシアのファトゥヒバ島で、新婚の妻と一年間にわたってアダムとイブのような生活をし、その模様を著書『ファトゥヒバ　バック・トゥ・ザ・ネイチャー』にまとめた。このときにポリネシアの民俗学や考古学に興味を持ち、ポリネシア人の祖先は南米から来たという仮説を立てた。一九四七年、自説を証明するため〝コン・ティキ号〟と名づけた木製の筏《いかだ》に乗ってペルーから太平洋に漕《こ》ぎ出し、一〇一日間かけて、八〇〇〇キロメートル離れたポリネシアのツアモツ諸島へ到達。一九五五年から五六年にかけては七ヵ月間イースター島で調査を行い、ビナプー（アフ・タヒラ）の石組みと、南米インカ帝国の精巧な石組みとの類似性から、イースター島に最初にやって来たのはインカ人であると発表した。この説は、言語学や遺伝子学の進展によって、その後完全に否定されてしまったが、彼の持つ冒険心やカリスマ性は、何世代にもわたって世界中の人々を魅了した。

⑥ビナプー

アフ・ハンガ・テエから、海岸線のアップダウンの激しい未舗装路を西に五キロメートルほど行った先が、ビナプーだ。ここには、東側にアフ・タヒラ、西側にアフ・ビナプーという二つの台座があり、特にアフ・タヒラを観察すると、イースター島の台座作りが、いかに発展していたのかがよく分かる。

アフ・タヒラ

アフ・タヒラの台座は島で最も頑強な作りだ。それはインカ文明の石組みを彷彿とさせる

剃刀１枚入らないといわれる、インカの都クスコの石組み

うつ伏せにされた六体のモアイと、三つのプカオが転がるアフ・タヒラ。伝承によれば、ラノ・ララクに横たわる未完成のモアイ・テトカンガ・ア・ラノは、七番目のモアイとしてこの台座に立てられる予定だったという。

推定二五〇トンもある巨大なモアイを乗せるに

は、相当の堅牢性《けんろう》が必要になってくるが、台座の裏壁の精緻《せいち》な石組みを見ると、トール・ヘイエルダールが指摘するように「剃刀《かみそり》一枚入らない」インカ帝国のものと酷似している。インカの聖都マチュピチュの石組みには、五〇〇トン以上の重さを支える石組みなどザラにあるので、これなら何も心配はいらないだろう。

かつてトール・ヘイエルダールが唱え、一度は否定されたインカ人上陸説は、最新の研究によって新たな光を与えられている。南米原産のサツマイモとキャッサバが、一〇〇〇年頃のポリネシアで栽培されていた証拠が見つかったこと、チリの遺跡に残された一三〇〇年頃の鶏の骨と、サモアやトンガで発見された鶏の骨のDNAが一致したことなどから、ポリネシアと南米の間で何らかの人的交流があったという説が再浮上しているのだ。最初にイースター島を訪れたポリネシア人の一部が、遠く南米に向かったか、または逆に南米から単独でイースター島を目指した人々がいたのか。いずれにしても、そうした交流のなかでインカの技術が島に渡り、アフ・タヒラの台座作りに生かされた可能性は大いにある。

アフ・ビナプー

アフ・ビナプーには、五つのモアイが横たわり、周囲にいくつかのプカオが転がっている。そのなかに上下逆さまになったプカオがあるので、モアイの頭との結合部をよく観察してほしい。わずか三センチほどの窪みが、プカオの中心より、かなり後方に彫られているのが分かるだろう。つまりプカオは頭に乗せるというより、サンバイザー（日よけ）のように前方に引っ掛けるような感じで取り付けられていたのだ。

アフの前に立つ赤い円柱のような像は、一九五六年にアメリカ人考古学者ウィリアム・マロイが掘り起こしたもので、プカオと同じ赤色凝灰岩でできている。波風による浸食によって見えづらいが、細い腕と手、かすかに膨らんだ胸があることから、女性のモアイではないかと考えられている。イギリスの軍艦ビクトリーに乗り込んでいた画家ジョン・リントン・パーマーのスケッチによれば、このモアイはもともとY字型のような双頭を持っていた。かつてイースター島では、死者を鳥葬にしていた時代もあったので、上部に遺体を乗せる、葬儀用の柱だったのではないかという説もある。

アフ・ビナプーの女性のモアイ

いずれにせよイースター島博物館を含め、島には一〇体もない珍しいモアイだ。

⑦オロンゴ

ビナプーからは、マタベリ空港の滑走路と並行する道を八キロメートルほど走り、島の最南端にあるラノ・カウ火山を目指そう。もし晴れていたら、直径一・六キロメートルのすり鉢状の火口湖に青空が映り込み、さながら巨大な曜変天目茶碗《ようへんてんもくぢゃわん》のように見えるだろう（二一八―一一九ページの写真参照）。外輪山を南側に回り込むようにして、頂上へと近づいていった先が、イースター島で最も神聖な場所、オロンゴだ。

オロンゴは鳥人儀礼（後述）の舞台となった場所で、儀礼を取り仕切る司祭や、各部族の代表者などを収容する石積みの家が多く作られた。現在は、アメリカ人考古学者ウィリアム・マロイによって復元された五四棟の家が立ち並んでいる。

入口を過ぎると、まず目に飛び込んでくるのが、紺碧の海に三つの島が浮かぶ絶景だ。針の形をしたモトゥ・カオカオ（細い小さい島）、モトゥ・イティ（小さな小さい島）、最も大きいモトゥ・ヌイ（大きな小さい島）。なかでもモトゥ・ヌイは鳥人儀礼の目的地となった聖なる島だ。

草原の道を三〇〇メートルほど行った左手に、複数の入口を持つ家や内側で繋がっている家など、様々なタイプの石積み家屋が一列に並んでいる。ほとんどの入口がモトゥ・ヌイ島のほうを向いているのは、神聖なる島から霊力を授かるためだという。

オロンゴには年中強い風が吹きつけ、葦《あし》でふいた家では一ヵ月ももたないので、すべての建物は、ラノ・カウ火山の玄武岩を薄く削いだ石板（ケホ）で作られている。最初の家だけは、観光用に屋根が半分ほどカットされているので、薄い石を積み重ねた内壁などがよく観察できる。

下り坂の手前にあるのが、四つの入口を持つ大きな家タウラレンガで、かつてホア・ハカ・ナナ・イアと呼ばれる全長二・五メートルのモアイがあった場所だ。ホア・ハカ・ナナ・イアとは、ラパ・ヌイ語で〝波を打ち砕く師〟のこと。鳥人儀礼の際、各部族の代表者がその前に集まり、勝利を熱心に祈願するなど、島で最も崇拝されたモアイだった。モアイの素材は通常の凝灰岩より、

年中強風の吹き荒れるオロンゴは、石板で作った家が54棟並ぶ

入口は極めて小さく、鳥人伝説の舞台となったモトゥ・ヌイ島を向いている

島で最も崇拝されたホア・ハカ・ナナ・イア。現在は大英博物館に展示されている

もっと硬度のある玄武岩。白い泥でペイントされた顔と胴体には、権力の象徴である赤色で細かいデザインが描き込まれ、背中には、鳥人や豊饒《ほうじょう》のシンボルなどの見事な彫刻が施されていた。このモアイは、それまで時期が異なるとされていたモアイ文化と鳥人文化が、実際は重なりあっていたことを証明する大変貴重なものだったが、イギリス海軍の防護巡洋艦トパーズの船員によって無断で国外に持ちだされてしまい、現在は大英博物館でしか見ることができない。

タウラレンガの奥には、マタ・ンガラウの家がある。鳥人儀礼を取り仕切った司祭たちが住んでいた家で、あらゆる場所に鳥人、コマリ（女性器）、創造神マケ・マケの姿などが彫り込まれている。

オロンゴの一番奥にある、マタ・ンガラウの家。その屋根からは無数のペトログリフとモトゥ・ヌイ島を見渡せる

鳥人儀礼の舞台となった、モトゥ・ヌイ島（奥。手前はモトゥ・イティ島）
各部族の候補者は、マヌタラ（セグロアジサシ）の卵を手に入れるために、命をかける

アメリカ人ペトログリフ研究者ジョージア・リーによれば、この場所だけで実に一七〇〇以上ものペトログリフが確認されているという。二〇一二年までは一度に五人までの制限で入場が許されていたが、残念ながら二〇一三年以降は立ち入りが禁止されている。

オロンゴから六キロメートルほどの距離を走れば、スタート地点のハンガロア村に戻ってくることができる。

鳥人儀礼

絶海の孤島に暮らす島の民にとって、自由自在に海を越えて

モトゥ・ヌイ島　海が凪《な》いでいる日であれば、鳥人儀礼の代表者たちは海を泳ぐというよりも、まるで空を飛んでいるように見えたに違いない。空の先には異界、またはあの世の島がある。オロンゴとモトゥ・ヌイ島を行き来できる者は、この世とあの世を往来することができる能力があると見なされ、鳥人として崇拝されたのだろう

飛ぶ島こそは、神の力を宿す重要なシンボルであった。そこから、最も偉大な島の神マケ・マケの化身として、頭は鳥、身体は人間の〝鳥人タンガタ・マヌ〟が創造され、強いマナを持つ者として崇拝された。そして人間が、このタンガタ・マヌになるために生み出された儀式が「鳥人儀礼」だ。

南半球に春が訪れる毎年九月、マヌタラ（セグロアジサシ）の群れが産卵のためモトゥ・ヌイ島に押し寄せる。このタイミングを機に、各部族の首長や、首長から選抜された代表者（ホプ）たちがオロンゴに集結し、命がけの競技を行った。

男たちは、合図と共に一斉に約二五〇メートルの絶壁を海岸まで走り降り、葦で作った小さなカヌーにわずかな食料を積んで沖合の小島を目指す。潮の流れが速く、サ

メだらけの荒波を越えることは、並々ならぬ体力と精神力を必要とし、渡り切るまでに何人もが命を落とした。なんとかモトゥ・ヌイ島に辿り着いた男たちは、飢えをしのぎながら洞窟の中で寝起きし、ひたすらマヌタラが最初の卵を産み落とす瞬間を待ちつづける。運良く最初の卵に手をつけた者は、「鳥の叫び」と呼ばれる岩に駆け上って勝利を宣言、その瞬間、勝者の首長が鳥人タンガタ・マヌとなる。

タンガタ・マヌに選ばれた首長は、マケ・マケ神から強いマナを授かったあと、東部の部族ならラノ・ララク、西部の部族ならアナ・ケナに一年間こもりきる。髪や爪《つめ》を切ることはもちろん、一切の外出も許されないが、神に仕える者として島中の民からの崇拝を集め、土地や食料など様々な利得を自らの部族にもたらした。

モアイ倒し戦争によって、王族から戦士階級へと権力が移行するのに伴い、この鳥人儀礼も純粋な崇拝者選びから、島の最高権力者を選ぶものへと変化していく。一年に一度、島全土を巻き込んだこの過酷な儀礼は約一五〇〇年間続いたが、ヨーロッパから宣教師などがやってくることで権力構造が崩壊し、一八六六年を最後に途絶えてしまった。

第二章　歴史の島

ハンガロア村の外れに、一万五〇〇〇点以上の考古学資料を収蔵するイースター島博物館（セバスチャン・エングラート人類学博物館）がある。島の文化保存に貢献したドイツ人宣教師セバスチャン・エングラート（後述）が、自身で収集した島の芸術品を寄贈し、一九七三年に開館。一九八九年には日本の援助によって建て直しが行われた。島の歴史を学べる絶好の場所で、最も有名な展示物は「モアイの眼」と「ロンゴ・ロンゴの木板」の二つだ。

モアイの眼

モアイの顔にある二つの窪みが、眼をはめるためのものだとは予想されていたが、その証拠は長らく見つからなかった。一九七八年、アフ・ナウナウの再建中に、島の考古学者セルヒオ・ラプ率いるチームが、砂の中からある遺物を発見。これが両目の窪みにぴったりとはまったことから「モアイの眼」と判明し、世界中を驚かせた。左右三六センチ、天地一九センチ、

ハンガロア村の外れにあるイースター島博物館

左右36cm、天地19cmのモアイの眼。白目部分は白珊瑚、黒目部分は赤色凝灰岩で作られる

白目が白珊瑚《しろさんご》、黒目がプカオと同じ赤色凝灰岩で作られたこのモアイの眼は、黒曜石などで最後の仕上げをしたのだろう、近くで見ると非常に細かく研磨されている。

　長い間、眼が見つからなかった理由は、モアイ倒し戦争の際、霊力が宿るとされたモアイの眼が徹底的に破壊されたためだと考えられている。ただアフ・ナウナウ以外には、アフ・トンガリキとビナプーで、ごく小さな眼の欠片《かけら》しか見つかっていないことから、台座に立つすべてのモアイに眼があったわけではなく、特別な儀式の間だけ、一時的につけられていただけではないかという説もある。

イースター島の象形文字「ロンゴ・ロンゴ」。今はもう誰も読めない。1〜7の順に上下をひっくり返しながら左から右に読む

ロンゴ・ロンゴの木板

木板に彫られた謎の象形文字「ロンゴ・ロンゴ」。伝承では、島の最初の王ホトゥ・マトゥアによって、故郷から運び込まれた六七枚の木板のうちの一部とされているが、未だポリネシアの他の地域に、似たような文字は発見されていない。

　ロンゴ・ロンゴの読み方は非常に独特で、はじめに文章の冒頭を左下にする。一番下の行を左から右へ読んだら、木板を上下にひっくり返し、上から二行目を左から右へ。またひっくり返して、次は下から三行目を左から右へと読み進めていく。ちょうど牛で畑を耕す方法に似ているので、牛耕文字と呼ぶ人もいる。

　この文字を読める人間は、もはや島には一人もおらず、現在解読されているのはわずか一二〇の基本文字と、その文字の組み合わせによる一二〇〇の複合文字のみ。暦や天体図、家系図など様々な説が唱えられているが、真相は未だ謎に包まれたままだ。

コラム　セバスチャン・エングラート（一八八八～一九六九年）

ドイツ人宣教師。一九三五年、キリスト教布教のためイースター島を訪れると、すぐれた語学力を発揮してラパ・ヌイ語を習得。三四年間にわたり島に在住し、島に残る古代からの伝承や、天文学、考古学などを研究した。トール・ヘイエルダールの表現を借りれば「王冠をかぶらないイースター島の王様」のような存在であったが、一九六九年、アメリカに向かう基金集めの旅の途上で客死。現在はハンガロア村教会の横に眠っている。

ここからは、博物館の中を巡るような形で、イースター島のおおまかな歴史を紹介する。

島の形成——三〇〇万年前～七五万年前

約三〇〇万年前から七五万年前にかけて、三つの主火山であるラノ・カウ（三二四メートル）、プアカティキ（四一〇メートル）、テレバカ（五一一メートル）が火山爆発を起こし、島が形成される。イースター島（東）、ハワイ諸島（北）、ニュージーランド島（西）の三つの頂点を結んだものを「ポリネシアン・トライアングル」と呼ぶが、イースター島は地理的にも文化的にも、この圏内の影響を強く受けることになる。

最初の居住者――六〇〇～九〇〇年

六〇〇～九〇〇年のどこかで、カタマラン船（二つの船体が甲板で繋がれた船）に乗ったポリネシア人が、二〇〇〇キロメートル以上の距離を航海し、島へ到達。それまで誰も住んでいなかったこの島に、家畜や農作物、独自の文化や宗教観などを持ち込んだ。

彼らの故郷は、言語と骨格の類似性からガンビエ諸島のマンガレバ島か、文化的な関連性からマルケサス諸島周辺だとされている。当時の島は地表の七〇パーセントを椰子の木が覆い、豊富な海鳥や魚に恵まれていたが、入植者の人口増加に伴い、その生態系は徐々に変化していく。

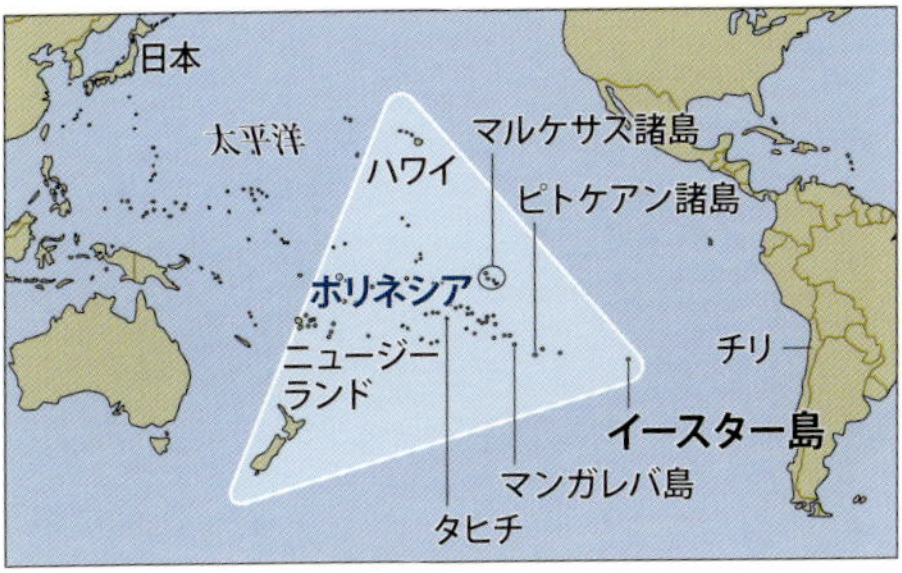

ハワイ島、ニュージーランド島、イースター島を結んだ三角形を「ポリネシアン・トライアングル」と呼ぶ。ポリネシアとは、ギリシャ語で「多くの島々」の意味

モアイの誕生――九〇〇～一六八〇年

ポリネシア独自の宗教的な概念に「マナ」がある。マナ

とは豊饒と関係する霊力のことで、その根源は創造神マケ・マケからもたらされ、人間や動植物、自然などあらゆるものに行き渡る。マナのお蔭《かげ》で領地は災厄を逸れ、回遊魚や亀が時期を間違えずに現れ、家畜が繁殖してサツマイモやサトウキビなどが豊かに実る。またマナを持っている偉大な長《おさ》のみが、人々に富や健康を与えることができ、神から力を授かった王が最大のマナを持っている。

重要な人物のマナは、死後もずっと生きつづけ、様々なものに影響するとされた。そのため、部族の首長などが亡くなると、ラノ・ララクから像を切り出して、集落を見渡せるよう海を背にして立たせ、この像に眼をはめることで、死者のマナがふたたび像に宿ると考えた。これがモアイの始まりとされる。

初期のモアイは小さくて粗削りだが、後期のものはより大きく、顔は面長になり、赤いプカオが乗せられるようになっていく。モアイは村の守り神や墓標としての役割から、やがて権力の象徴へと変化する。

島の環境問題

イースター島の歴史を遡《さかのぼ》るとき、次のような話が必ず話題に上る。

かつてイースター島は何百万本もの椰子の木で覆われていた。ところが愚かな島民たちが、成長する前の木々も含めて、すべて切り倒してしまった。そのため森がなくなり、土地が荒れ、食料危機に陥って社会の崩壊をまねいた。この状況は現代の環境問題と非常に似通っているので、人類の未来を考えるうえで、ぜひとも反面教師とするべきだ……。

この話は、アメリカ人作家ジャレド・ダイアモンドの著書『文明崩壊――滅亡と存続の命運を分けるもの』によって広まったものだが、これに異議を唱えたのが前述のテリー・ハントとカール・リポの二人だ（「モアイの運搬について」参照）。彼らの新説は、森林崩壊の原因は人間ではなく、ナンヨウネズミの爆発的増加にあったとするものだ。

彼らによれば、島に最初の入植者がやって来たのは、一般に考えられている六〇〇～九〇〇年頃ではなく、もっと下った一二〇〇年頃。その際、入植者のカヌーに積み込まれた食料の中に、おそらくナンヨウネズミも一緒に紛れ込んでいた。椰子の木は一本あたり毎年一一〇キログラム以上の実をつけたが、天敵のいないナンヨウネズミは、わずか三年で一七〇〇万匹へと激増し、椰子の実はもちろん、他の植物まで食い荒らした。森の主要部分をなしていた椰子の木は、三〇〇～四〇〇年かけて減少の一途を辿り、やがて島には一本の木もなくなってしまった。

この説は、二人が発見したすべての椰子の実の化石に、ナンヨウネズミの齧《かじ》り跡が残っていたことで裏付けられるとされ、従来の定説を覆すものとして注目を集めている。

1

2

3

4

5

右ページ ①サソリ　②ヤマウズラ　③ナンヨウネズミ　④ヒワ　⑤ヤモリ
左ページ カラカラ・チマンゴ

モアイ文化の終焉《しゅうえん》——一六八〇〜一七二二年

モアイ文化の成熟に伴い、島の人口が急増して豊かな椰子の森も消失。島民は資源枯渇による激しい食料不足に襲われる。一六〇〇年前後に最盛期を迎えたモアイ制作は、一六八〇年を過ぎたどこかで、ある日突然終わりを告げる。

一七二二年、オランダ人のヤコブ・ロッフェーヘンが、ヨーロッパ人として初めてこの島を訪れたとき、多くのモアイはまだ台座の上に立っていて、島民たちはその前で焚き火をし、大地に頭をつけて祈りを捧げていた。強風と荒波のため、ロッフェーヘンはわずか一日だけ滞在すると、島民との小競り合いで食料も調達できないまま、すぐにタヒチへ向かってしまうが、巨像が立ち並ぶこの不思議な島の存在が「復活祭の島」として、初めてヨーロッパに伝えられる。

部族闘争激化——一七二二〜八六年

資源枯渇による食料不足が深刻化し、部族間の闘争で島内のモアイが次々と倒されていく。各部族の守り神とされたモアイは、マナの力を潰《つぶ》すため、うつ伏せに倒され、その眼は粉々に砕かれた。次第に武力がものをいう時代になり、権力は王族から戦士へと移行。このモアイ倒し戦争＝フリ・モアイは、一八四〇年頃まで続けられることになる。

一七七〇年、ドン・フェリペ・ゴンザレス率いるスペインの探検隊が二隻の船で来島。スペイン国王カルロス三世の名において、この島がスペインの領土であると宣言し、「サン・カルロス島」と命名する。契約書へのサインを強要された島の首長たちは、そこにロンゴ・ロンゴと見られる奇妙な象形文字を書き込む。探検隊は島の地図を作っただけで、ふたたび航海に出てしまう。

一七七四年、イギリス人海洋探検家ジェームズ・クックが、南洋航海の途中でイースター島に立ち寄る。船員の多くが壊血病にかかっていたため、新鮮な水と食料を補給しようとしたが、人口が二〇〇〇～三〇〇〇人にまで激減した島には満足な物資もなく、一行はすぐにタヒチへ向けて旅立った。このときの記録には、多くのモアイが破壊されるなか、アフ・アキビとモアイ・パロだけはまだ台座に立ったままだったとある。

一七八六年、フランスのルイ一六世に大規模な探検隊の派遣を命じられたジャン・フランソワ・ド・ラ・ペルーズの一行がイースター島沖に停泊、二つのグループに分かれて島の調査にあたった。ラ・ペルーズのグループは沿岸部を中心に巨大な台座や石像、家屋、農地などを見て回り、別のグループは島の内陸部で石像や風景、植物、島民や伝統文化など関心を引かれたものすべてをスケッチした。この訪問を最後に、島は暗黒の時代へ突入していく。

奴隷狩り――一八〇五～七九年

一八六二年、ペルーからやってきた九〇人の奴隷商人が島に上陸。安物の商品を並べて島民たちをおびき寄せ、油断したすきを見て襲いかかった。商人たちの目的は島の男女を誘拐し、ペルー沿岸のグアノ（肥料になる海鳥の糞《ふん》）採取会社に売り渡すこと。捕虜にされた一五〇〇人の中には時の王カイマコワや、その息子マウラタ、島の文化を担うマオリ（賢人）、ロンゴ・ロンゴの木板を読める者など多くの知識人も含まれていた。

奴隷としてペルーに送られた一行は、数ヵ月にわたってグアノ採取の重労働を強いられ、六〇〇人が命を落とす。見かねたタヒチの司教がペルー政府に働きかけ、生き残った一〇〇人の捕虜が島に送還されることになったが、その途上、結核や天然痘で八五人が死亡。島に辿り着いた一五人の生存者から、残りの島民にたちまち病原菌が伝染した。島は死屍累々《ししるいるい》となり、かつて一万～二万人いたとされる人口は、一八七七年にはわずか一一一人にまで激減。奴隷狩りの始まった直後に、タヒチ経由でヨーロッパ人として初めて島に移り住んだフランス人宣教師のウジェーヌ・エローは「島は消滅間近」とのメッセージを上司たちに送っている。モアイの名前やオロンゴの鳥人儀礼を含め、古《いにしえ》より受け継がれてきた数多くの伝統が、この時期に消滅した。

チリによる支配——一八七九～一九〇三年

一八七九年から一八八四年にかけてチリ、ボリビア、ペルーの三国間で天然資源をめぐる硝石戦争が勃発《ぼっぱつ》。これに勝利し、二つの国から領土を得たチリは、周辺の島々へと勢力を拡大する。当初イースター島は、あまりに距離が離れているため、関心を持たれていなかったが、太平洋地域で植民地競争にあけくれるイギリスが、ライバルであるフランスを牽制《けんせい》するため、この島の領有をチリに働きかけた。

一八八八年九月九日、チリ代表として海軍のポリカルポ・トロ大佐が島を訪れ、領有のための宣誓書を島側の代表者アタム・テケナに提出。協議の結果、島の主権が譲渡され、正式にチリ共和国に組み込まれることになった。島の名はスペイン語でイスラ・デ・パスクア（パスクア島）となり、一九〇一年、島はチリ海軍の管轄下に置かれた。

ウィリアムソン・バルフォア株式会社――一九〇三～五三年

チリ海軍はイギリス系の羊毛会社に、島の土地を二五年間にわたって貸与することにした。羊毛会社は島に七万頭の羊を放牧し、盗みを働かないようフェンスで囲ったハンガロア村に島民を監禁した。一九三六年に貸出期限はさらに二〇年延長されたが、チリのナショナリズムの影響で、羊毛会社がチリ政府に接収され、一九五三年に契約が終了した。

今日の島――一九五三～二〇一四年

チリは島民にラパ・ヌイ語の使用を禁じたが、軍人としてチリ本土に渡ることは奨励し、心身共に頑強なイースター島の島民は、チリ軍に非常に重用された。だが軍の高度な訓練を受け、

ラパ・ヌイ人たちはいつも優しくほほえんでくれた。島民は見えない絆で強く結ばれている

最先端の知識を習得した島民たちは、帰島してから密《ひそ》かに独立運動を企図。一九六四年、チリ海軍に対する蜂起《ほうき》が始まり、その動きを恐れたチリは、島民自らが町長を選ぶことを許可し、全島民にチリの市民権を与えた。さらに所得税、教育費、医療費の免除、ガソリン代と飛行機代の減額、ラパ・ヌイ人のみが島の土地を所有できることなど、数多くの特権を与えた。

一九九五年、島の四二パーセントを占めるラパ・ヌイ国立公園がユネスコの世界遺産に認定され、経済は飛躍的に成長。年々旅行客が増加するイースター島は、チリにとって重要な観光資源となった。ミチェル・バチェレ現大統領は島を頻繁に往復し、新しい病院や教育施設の建設、電気や水道などライフラインの改善、主要道路の舗装などに、日本円でおよそ二五〇億円もの投資を行っている。未だ医者や警察官はチリ本土からの出向者に依存しているが、町長をトップとする行政のスタッフは、すべてラパ・ヌイ人で占められている。チリ政府に所有されていた一部の土地も、少しずつ島民に返還されつつある。

第三章　内なる島

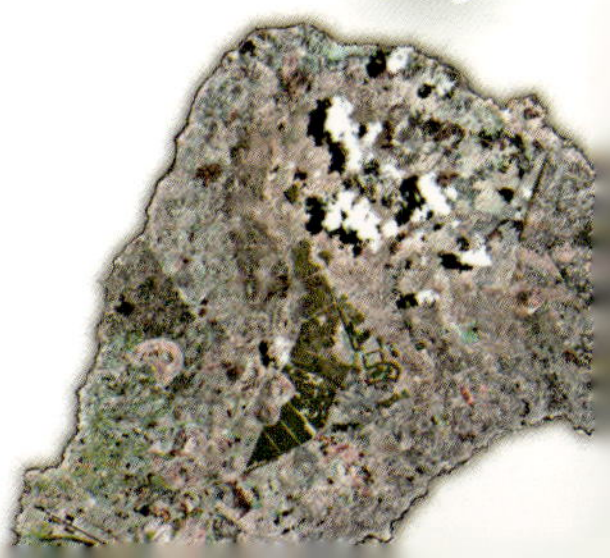

洞窟ルート

モアイルートが主要な観光スポットを回るものだったのに対し、この「洞窟ルート」はイースター島の別の表情を堪能できる、少しマニアックな周遊コースだ。こちらも車でほぼ丸一日の行程。島の息吹を体感できる洞窟探検も含まれているので、なるべく汚れてもいい服装で出かけたい。

①タハイ儀式村

まずは、ハンガロア村から海岸線を北へ一キロメートルほど行ったところにある、タハイ儀式村に向かおう。ここはアフ・トンガリキ、アナ・ケナと共に、島の様々な儀式が行われた重要な場所で、五体のモアイを乗せたアフ・バイウリ、単体のモアイが立つアフ・タハイ、プカオを乗せたモアイのいるアフ・コテリクが立ち並んでいる。アフ・アカハンガ同様、モアイの

タハイ儀式村には、合計７体のモアイがある

アフ・タハイは西側に位置するため、モアイの向こうに美しい夕日が沈む

島にはハレ・モア（鶏小屋）が1200以上もある

変遷がよく分かる場所でもあり、三つの台座をすべて復元したウィリアム・マロイの墓もある。

最も南側にあるアフ・バイウリは、台座の下から出土した木炭の燃えカスが、七〇〇年代のものと判明したことから、イースター島で最も初期に建てられた台座だということが分かっている。五体のモアイは平均して四メートルほどの高さで、かつてのカヌーの乗降場を挟んだ反対側には、高さ六メートルほどのアフ・タハイが立っている。島で唯一複製の眼をつけたモアイ、アフ・コテリクは、この儀式村のなかで最も新しく、高さは八メートルもある。

儀式村の中心にあるのが、昔の住居跡ハレ・バカだ。かつて一般の島民は土台のない質素な家や洞窟の中に住んでいたとされるが、ハレ・バカは村で最も高貴な人々が住んだ場所。家の土台には硬い玄武岩を使い、表面に穿《うが》たれた直径三センチほどの穴にサトウキビの茎を立て、葦で屋根をふくという構造になっている。まるでカヌーをひっくり返したような形に見えることから「ボートハウス」とも呼ばれている。

ハレ・バカから駐車場に続く斜面を上った右側に、ハレ・モアと呼ばれる鶏小屋《とりごや》がある。モアイ倒し戦争の時代、貴重な食料だった雌鶏《めんどり》を守るために考案されたもので、正面の小穴から鶏を入れると、たった一つの石だけで、外からはまったく分からないように隠すことができる。島内には同じようなものが一二〇〇ヵ所以上も見つかっている。

タハイ儀式村にある7体のモアイのうち、アフ・コテリクは、島で唯一眼のあるモアイ。フランスの雑誌社パリ・マッチが、アフ・コテリクの眼とプカオをつけた

かつて僕はハンガロア村に三ヵ月ほど住んだことがあり、島の天候が少しだけ読めるよ

空を焦がす夕焼け雲をバックにアフ・コテリクが立つ

うになった。もしハンガロアに滞在中、早朝に雨が降っていても、心配せずに外出する準備を始めてほしい。朝日と共に上昇気流が起こり、雲が速く流れることで、天候が好転する可能性が高いのだ。タハイ儀式村周辺では、雨雲に大きな虹が映し出されることも多い。アフ・バイウリ、アフ・タハイ、アフ・コテリクをバックに虹が撮影できる時間は、わずか数分しか続かない。

タハイ儀式村に、イースター島考古学の父、ウィリアム・マロイが眠る

コラム　ウィリアム・マロイ（一九一七〜七八年）

アメリカ人考古学者。幼い頃から飛び抜けた頭脳を持ち、太平洋戦争中は日本語を完璧《かんぺき》に習得して米軍兵士に教えた。終戦後はワイオミング大学の考古学教授となり、一九五五年、ノルウェーの探検家トール・ヘイエルダールの誘いで、イースター島への考古学探検隊に参加。これが転機となって以後イースター島の魅力に取りつかれ、一九七八年に六一歳で亡くなるまで二〇回以上訪問。タハイ儀式村の三つの台座、アフ・アキビ、アフ・ハンガ・キオエ、オロンゴ儀式村を含む数多くの場所を研究し、再建に尽力した。一連の功績がユネスコの世界遺産登録に大きく影響した

ことから〝イースター島考古学の父〟とも呼ばれている。

②アフ・フリ・ア・ウレンガ

アフ・フリ・ア・ウレンガは、島で唯一４つの手を持っている

ハンガロア村からアナ・ケナ方面に車を走らせ、「ハンガロア３」という看板が出てきたら左折。そこから一〇〇メートルほど勾配《こうばい》を上っていった左側の丘にあるのが、アフ・フリ・ア・ウレンガだ。このアフには、胸板が厚く目の窪みが非常に深い一体のモアイが立っていて、両手のほかに、お腹に彫られた二本の手があることから、島で唯一の「四つの手を持つモアイ」として知られている。これが完成形なのか、はたまた失敗して彫り直されたものなのかは未だ解明されていない。モアイは通常、沿岸部に作られることが多いが、アフ・フリ・ア・ウレンガやアフ・アキビ（後述）のように、島の内陸部にも現在二五ヵ所の台座が確認されている。農地を求めて、海岸地帯から島の内部へと移動していった島民たちによるものと考えられている。

アフ・フリ・ア・ウレンガは、高台に立っているので、星が美しい

③プナ・パウ

アフ・フリ・ア・ウレンガからアナ・ケナへ向かう道に戻り、アフ・アキビの看板を左折してしばらく行くと、こんもりとしたプナ・パウ火山が見えてくる。ここは後期のモアイ作りに

プナ・パウ　雨宿り用に彫られたプカオ

プナ・パウの火口には、切り出し途中のプカオがいくつも転がっている

プナ・パウから眺める風景は、まるで一幅の絵のようだ

欠かせない、プカオの製造拠点として知られている。モアイの工場ラノ・ララクが凝灰岩の産地であるのと同様、プナ・パウはこの赤色凝灰岩が島で唯一採取できる場所だった。権力の象徴である赤色の凝灰岩を、円柱状に切り出して作られるプカオは、島内に一〇〇個ほど見つかっている。

プナ・パウの駐車場から小道を上っていった左手に、仰向けにされたもの、横に転がされているもの、大地にめり込んでいるものなど、いくつもの放置されたプカオが見えてくる。中心に人が入れるほどの大きな穴がくり抜かれたプカオは、一九四〇年代にこのあたりで暮らしていた羊飼いが、雨宿り用に彫ったものだという。急登してプナ・パウの頂に立つと、火口のへりにも切り出されたプカオが転がっている。ここからは、一幅の絵のようなハンガロア村の全景が見渡せる。

コラム　モアイ・カバカバ

初代の王ホトゥ・マトゥアの長男トゥ・コ・イフが、ある日プナ・パウの前を通ると、二つのアク・アク（精霊）が眠っているのに出くわした。長男は急いで逃げ帰ったが、目を覚ましたアク・アクは自らを人の姿に変え、彼の家まで追ってきた。

「何を見た？」、「何も見ていない」。そんな押し問答を三日間続けたあと、ようやくアク・アクは諦《あきら》めて帰っていった。長男は近くにあった木片を手に取り、眠っていたアク・アクの奇妙な姿を彫りつけた。これがモアイ・カバカバ（肋骨《ろっこつ》の意）の原型といわれ、今も島民の魔よけとして珍重されている。

モアイ・カバカバは今も島の魔よけとされている

④アフ・アキビ

プナ・パウから四キロメートルほど北に行った草原に、七体のモアイが佇《たたず》むアフ・アキビがある。ここは一九六〇年に、ウィリアム・マロイとゴンザレス・フィゲロアによって、島で初めて台座の発掘と再建が行われたアフだ。七体とも目の窪みはとても深く、お腹の前で揃えられた手の彫刻がきれいに残っている。背丈はほとんど同じ四・五メートルほどで、顔つきも似

アフ・アキビ　北半球の星は北極星を中心に弧を描くが、南半球には中心の星が存在しない。「天の南極」と呼ばれる闇だけが広がっている

ていることから、同じ年代に作られたモアイだと考えられている。

七体のモアイは、最初の王ホトゥ・マトゥアの七人の息子たちを祀ったものだと、半世紀にわたって信じられてきたが、最新の研究で、この台座が一四〇〇年以降に建てられたことが判明し、定説が覆った。ホトゥ・マトゥアが来島したとされる一番遅い時期は九〇〇年頃。モアイは通常、誰かが死んだ直後に建てられるので、子供たちが仮に一〇〇年後に死んだとしても、アフ・アキビの作られた時代とまだ四〇〇年もの開きが出てしまうのだ。ちなみにアフ・アキビのモアイは、〝海を見つめる唯一のモアイ〟と書かれることが多いが、これは間違いで、モアイと海の間にはかつての住居跡が見つかっており、他のモアイ同様、集落や子孫を見守るように立てられたものだ。

ここもアフ・タハイと同じく虹の名所で、夕方

アフ・アキビの7体のモアイは、真西を見つめている

アフ・アキビ　午後から夕方にかけて、通り雨が来たら、虹が出るチャンスだ

モアイの後ろにダブルレインボーが架かった

四時から日没までの間に雨が止み、陽が射し込めば、七体のモアイの後ろに素晴らしい虹が架かる。それまで何度か撮影の機会はあったものの、ハンガロアからアフ・アキビへ向かう間に虹はかき消えてしまった。だがある年、タパティ祭り（後述）の会期中に幸運が訪れた。豪雨が島を襲い、激しい稲妻が村の近くに落ちるなか、アフ・アキビで雨に濡《ぬ》れたモアイをカメラにおさめていると、西の空から急に夕日が射し込み、モアイの背後に念願の大きなダブルレインボーが架かったのだ。あまりに神がかり的なその光景に、しばらくシャッターを切ることを忘れてしまうほどだった。

⑤アナ・テ・パフ

イースター島にある二〇〇以上の洞窟は、そのほとんどが島の最高峰テレバカ火山周辺に集中している。約七五万年前に爆発したテレバカ火山は、何度も噴火を繰り返しながら、大量の溶岩を噴出し、やがて溶岩の通り道が冷却されて、洞窟になっていった。

そのなかで最大のものが、アフ・アキビから未舗装路を北西に一キロメートルほど行ったところにある、アナ・テ・パフ洞窟だ。

アナ・テ・パフは別名「バナナの洞窟」とも呼ばれている

洞窟の中にはベッドや竈の跡があり、昔の生活を想像することができる

イースター島の洞窟は、はじめは短期間の避難場所や住居、モアイ倒し戦争時代には隠れ家や埋葬室など、様々な用途で利用されてきた。かつて島民の住居として使われたアナ・テ・パフ洞窟には、石を平らに積み重ね

たベッドや竈《かまど》の跡があり、当時の島民の生活ぶりを想像することができる。内部にたくさんのバナナが植えられていたことから「バナナの洞窟」とも呼ばれている。

⑥アフ・テペウ

アナ・テ・パフから農地を横切り、北へ五分ほど車を走らせると、牧歌的な風景のなかにアフ・テペウが見えてくる。ここは観光客もほとんど訪れない、島で最も静かな遺跡の一つだ。

農作物を守る石垣「マナバイ」

全長30mを超す集会場「ハレ・ヌイ」の基礎部分

入口から小道を下ると分岐点があり、右手の草原の道を降りたところに、高さ一メートル、直径三メートルほどの円形の石垣「マナバイ」がある。風や塩分、湿気から農作物（主にバナナやイチジクなど）を守る役割を持つものだ。さらに先へ行くと、全長三〇メートルを超すボートハウスの基礎部分がある。就寝用の家ではなく、ハレ・ヌイ（大きな家）という集会場のようなもので、かなりの権力を持った首長が、このあたりを治めていたことを物語っている。

上 アフ・テペウ　アフ・タヒラに次いで、島内で2番目に美しい台座の石組み
下 アフ・テペウの倒されたモアイ

分岐点へ戻り、海側へ下ったところにはアフ・テペウがあり、転げ落ちたモアイの顔や真っ二つに折れた胴体、複数のプカオなどが散らばっている。台座の高さは五メートルほどで、裏側に回ると、三角形の石がパズルのように精巧にはめ込まれている。これはビナプーのアフ・タヒラに次いで、島で二番目に美しい石組みだ。

⑦アナ・カケンガ（ドス・ベンターナス）

アフ・テペウから海沿いを一キロメートルほど南下した先にあるのがアナ・カケンガだ。火山から流れ落ちた二本の溶岩が地中を掘り進み、その跡が空洞になった珍しいもので、洞窟があまり好きでない人にとっても、最初の数メートルの窮屈な空間さえ耐えられれば、行く価値

海側へ300mほど行った左手に、アナ・カケンガの降り口がある

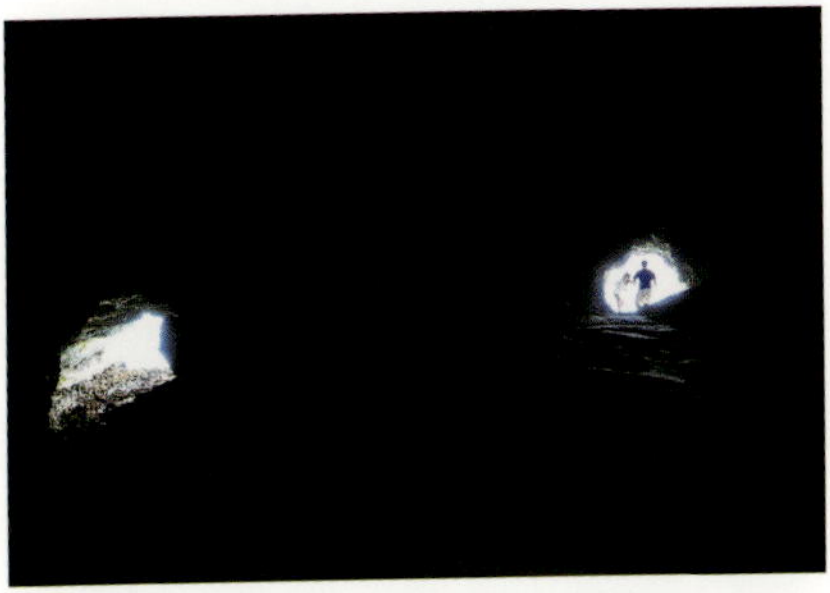

洞窟を進むと、2つの窓（ドス・ベンターナス）の明かりが見える

洞窟の先には、大海原の絶景が広がっている

は十分にある。

海側を三〇〇メートルほど行くと、左手に岩が積み上げられた目印があり、地下へと続く洞窟の黒い入口が口を開けている。中には小さな階段があり、後ろ向きで入れば楽に降りられる。低い天井に頭をぶつけないように三、四メートルほど進むと、立てるくらいの高さになり、ドス・ベンターナス（スペイン語で二つの窓）からの自然光が、洞窟内を照らしている。二つの窓の先は、絶壁に抜けた洞窟の出口となり、どちらからも大海原とモトゥ・タウタラの小島が見渡せる。思わず足がすくんでしまうような絶景だ。

⑧アフ・ハンガ・キオエ

アナ・カケンガから凸凹の悪路を南へ三キロメートルほど下った右手に、ラパ・ヌイ語で「ネズミの湾

海側にせり出すようにアフ・ハンガ・キオエは立てられている

アフ・ハンガ・キオエは、タハイ儀式村と同じく、島内随一の夕日スポットだ

の台座」を意味するアフ・ハンガ・キオエがある。夫を亡くし悲しみにくれた妻が、遺体を台座の下に埋める際、口の中にネズミを入れ、自分とネズミの鳴き声を重ねあわせて嘆いたという故事が、その名の由来と

される。台座は海側へ切れ落ちる絶壁にせり出し、その上に絶妙なバランスで立てられたモアイは、アフ・アキビの七体のモアイとよく似た容姿をしている。

近くにあるタハイ儀式村は観光客に大人気の夕日スポットとして知られるが、ここアフ・ハンガ・キオエは夕日を独り占めできるとても静かな場所だ。

アナ・カイ・タンガタの洞窟壁面には鳥のペトログリフが描かれている

⑨アナ・カイ・タンガタ

アフ・ハンガ・キオエから博物館の脇を通っていくと、ハンガロア村の南西端に位置するアナ・カイ・タンガタに行き着く。ラパ・ヌイ語でタンガタは「人」、カイは「食べる」。そこからときに〝食人洞窟〟と誤訳されてしまうが、古代ラパ・ヌイ語でカイは〝集まり〟のことを指すので、実

夏至の夕日が、アナ・カイ・タンガタの壁画を照らした

際には〝集会場〟のことだ。

洞窟への階段を下りていくと、中は高さ一〇メートル、幅一〇メートル、奥行き二〇メートルほどの広さで、周囲は薄くはがれやすそうな壁で覆われ、奥のほうは湿気によって黄色や緑色の苔《こけ》が付着している。

二〇一四年にアナ・カイ・タンガタを訪れた際、面白い光景を目にした。時刻はちょうど海に夕日が落ちようとする頃。洞窟の入口から長く伸びた太陽の斜光線がいちばん奥の壁に当たり、そこに描かれたマヌタラ（セグロアジサシ）のペトログリフだけを丸くスポットライトのように照らし出したのだ。太陽の最後の光によって、不死鳥のように赤く燃え上がるマヌタラの姿。見事な演出効果だった。この日はちょうど一二月二二日で、イースター島の夏至だったことから、古代ラパ・ヌイ人は自然現象や暦とシンクロすることを計算に入れて、この壁画を作り上げたのではないかと思えたものだ。

第四章　祭りの島

島の日常

絶海の孤島と聞くと、少し不自由な生活を想像してしまうが、イースター島の日常はとても現代的だ。

どの家にも衛星放送によるテレビ番組や、島のラジオ局「マヌ・ケナ」によるポリネシアンミュージックが流れ、子供たちはゲームセンターやインターネットカフェ、大人はナイトクラブ、ディスコ、酒場などへ出かけてそれぞれの時間を楽しむ。快適な生活を支えるのが、チリ本土から飛行機や船で運ばれてくる物品で、生鮮食品はほぼ毎日、冷凍品は一週間に一度、その他大型の荷物は、一ヵ月に一度の頻度で島に届けられる。

島には三つの学校があり、六歳から一八歳まで約一五〇〇人の生徒が学んでいる。教育に対する関心はとても高く、チリ政府の優遇政策を利用してチリ本土や海外に留学する学生も多い。彼らは大学が休みになると島に里帰りしてタパティ祭り（後述）などに参加する。

絶海の孤島、イースター島は、食生活も充実している。島民はアサード（焼肉。左上）とウム（蒸し焼き料理。中上と右上）をこよなく愛する。ビールはチリ本土、タヒチの両方から運ばれてくる

一〇年前、四〇〇〇人程度だった島の人口は、現在約六〇〇〇人。島民の強い要望により、二〇一三年には大型の新しい病院も建設されるなど、急速に生活インフラが整備されている。そのため周辺の島々やチリ本土からやってきて、観光業に就く人々も多くいる。

島民は、朝から晩まで驚くほど真面目に働く。島の友人の一人は、朝は畑仕事、昼は家の修繕、夕方は釣り、料理の依頼が来れば、すぐにアサード（焼肉）や伝統料理のウム（蒸し焼き料理）を作りに出かける。ゆったりとハンモックに揺られ、軒先でビールを飲みながら一日中ぼんやりしているような人はとても少なく、みんな月曜日から金曜日まで何らかの仕事を掛け持ちしているのだ。

島民の七割がカトリックを信仰する島では、毎週日曜日、朝の九時から教会でミサが行われる。神父の説教が始まると、その合間にギターやアコーディオン、ウクレレなどの楽器による演奏と歌が入り、最後は隣の人と手を繋いで、みんなで讃美歌を合唱する。

タパティ祭り

一時は島民が一一一人にまで激減し、数々の伝統行事が消滅してしまったイースター島。だが一九六七年、自らの文化と誇りを取り戻そうと村の長老たちが立ち上がり、新たなる祭りを作り上げた。それが島の祭典〝タパティ祭り〟だ。

タパティとはラパ・ヌイ語で〝週〟を意味する言葉で、祭りは一月下旬から二月にかけての

祭りが始まる前から、トゥキ家、ラプ家の王女候補が踊る

二週間、島全土をあげて繰り広げられる。かつての島人儀礼や、古より残る数々の伝統行事をひな形に、多種多様な種目が競われるこの大イベントは、さながらイースター島のオリンピック。昔と違うのは、最終的に選ばれるのが〝鳥人〟ではなく、島の王女、ミス〝ラパ・ヌイ〟であることだ。

祭りの準備は半年も前から始まり、まず島の役場が中心となって、一六歳から二〇歳、容姿端麗、ラパ・ヌイ語が堪能、などの諸条件から王女候補者を二名に絞る（過去に三名のときもあった）。王女候補になった女性の家族は、友人や知人など二〇〇名ほどを呼び集め大競技団を結成。こうしてできた島を代表する二つのチームが、合計三六種の競技を競いあい、総得点で勝利したチームの王女候補が、晴れてミス〝ラパ・ヌイ〟になるのだ。

タパティ開催

二〇一四年のタパティ祭りは、島の名家トゥキ家とラプ家の戦いとなった。トゥキ家のチームカラーは赤、ラプ家は青。二月一日、半年に及ぶ特訓の成果を見せるべく、いよいよ祭りの初日を迎えた。

メイン会場は、ハンガロア村の海岸沿いにあるハンガ・バレバレの大広場。独特のタッチで描かれた背景画や、本物の草花に彩られた巨大ステージの前には、客席がぎっしりと並べられ、大勢の島民や観光客を待ち受ける。夕方になっても太陽の光は強く、島民は夏を謳歌《おうか》するように海ではしゃいでいるが、日が落ちる頃になると、柔らかな光に呼び寄せられるように、少しずつ会場に集まってくる。

祭りが始まる一時間ほど前には、着飾った古老のグループが会場に到着。若者たちから次々と首飾りが掛けられていき、会場が笑顔に包まれる。やがて満員の場内に司会者のアナウンスが響き渡り、ステージ上にトゥキ家とラプ家の代表者が登場。祭りにかける意気込みが熱く語られるが、言葉はすべてラパ・ヌイ語で、一般観光客には何をいっているかまるで分からない。まさにタパティ祭りは「島民の、島民による、島民のための祭り」なのだ。世界大会で優勝したこともある島のダンスグループ〝カリカリ〟が圧巻の踊りを披露し、いよいよ祭りの幕が切って落とされた。

タパティ祭りは、島民のための祭り

ダンスグループ「カリカリ」の踊り

トライアスロン

タパティ祭りの主役は、鳥人儀礼をモデルにしたトライアスロンだ。ラノ・ララクにある直径六五〇メートルの火口湖を舞台に、鍛え上げた壮健な男たちが戦いの火花を散らす。

出発の号砲が鳴ると、一五人の選手が猛然とカヌーを漕ぎ出す。最初は横並びだが徐々に差がつきはじめ、先頭集団がリードを広げていく。対岸に辿り着くと、今度はずっしりと重そうな二〇キログラムのバナナを担いで全力疾走。湖畔を一周し、起伏の激しい山道を駆け上ってさらに半周、なだれ込むようにしてまた湖畔へ。最後は小型カヌーに腹ばいになり、サーフィンのパドリングのように自らの腕だけで対岸へラストスイム。島民からの大声援が飛びからなか、レースは青組のジョナサン、赤組のディアスの激しい一騎打ちに。両者最後の力を振り絞り、鬼の形相での激しい戦いは、最後の最後でディアスが抜けだし、ゴールテープを切って決着がついた。赤組の王女候補が勝者に抱きつき、二人が見つめあいながらクルクル回ると、観衆から大きな拍手が沸き起こった。

競　馬

短距離五〇〇メートル、長距離一キロメートルの二種目。一レースにつき四頭ずつが出場し、それぞれ一〇レースを競いあう。もともと島に馬はいなかったが、西洋の文化と共に移入され、

①祭りで最も人気が高いのはトライアスロン。屈強な男たちがまずはカヌーで火山湖を横断する　②バナナを担いで、全力疾走　③急勾配の道を登って、モアイの間を抜けていく　④最後は小型カヌー。デッドヒートの末、赤組のディアスがゴールテープを切った

徐々に島民の乗馬技術が向上していった。競馬大会の会場となるのは海沿いのバイフー地区。弾丸のようなスピードで人馬が駆け、砂塵を巻き上げていくさまに観客も大興奮だ。

ハカペイ

トライアスロンと共に、タパティ祭りで最も人気を集めるレース。二本のバナナの茎で作った橇でマウンガ・プーイ火山の斜面を滑降し、その速さを競いあう。もともとは男性の成人儀

競馬　短距離と長距離で、速さを競いあう

ハカペイ　バナナの茎で作った橇で、山の急斜面を滑降する

礼だったが、この競技には女性も参加できる。四〇度以上の急斜面を滑り降り、最高時速は八〇キロメートルにも達する。まれに命を落とす人もいるため、競技前には選手たちが円陣を組み、雄叫《おたけ》びをあげて気合いを入れる。

布作り

マフーテ（カジノキ）の樹皮から、一枚の布を作り上げる競技。王女候補や、その家族が参加し、時間の早さとできばえを競いあう。カジノキにナイフを入れて樹皮を剝《む》き、水に浸して伸ばす。それを丸石の上に載せ、すりこぎのような棒でコンコンと叩《たた》く。樹皮が乾いてきたら、また水をつけ、伸ばして叩く。黙々とこれを繰り返し、横六〇センチ、縦四〇センチの布に仕上がったところで終了。一番早い人は四五分、最後の人は一時間半以上を要した。昔はこの布を鳥の骨針で縫い合わせて、普段着を作ったそうだ。

布作り　マフーテ（カジノキ）の樹皮を叩いて、１枚の布にする

歌合戦

赤チーム、青チーム各三〇名くらいが向かい合い、昔から伝わる民謡を歌いあう。こち

らがモアイの歌を歌えば、相手は別のモアイの歌を。島の歌を歌えば、別の島の歌で返す。まるでしりとりのような歌合戦は日没から始まり、明け方まで続く。勝敗を分けるのは歌唱力とチームワーク。歌い終わるたびに、審査員が得点の札を掲げる。

歌合戦　交互に歌いあい、審査員が点数をつける

カイカイコンテスト　子供の頃から、島民はカイカイを学ぶ

カイカイコンテスト（あやとり）

ステージ上で披露される、あやとり合戦。イースター島のあやとりは、日本のあやとりと少し違い、梯子《はしご》を作ったときには梯子の物語が、島の形を作ったときはモトゥ・ヌイ島（鳥人儀礼の舞台）の伝承が語られる。今でもイースター島の子供たちは、島にまつわる知識をあやとりから学ぶ。

昔話合戦　島に伝わる昔話を、ボディ・ペインティングした競技者が語る

昔話合戦

ボディ・ペインティングを施した各チームの語り部《べ》が、島の伝説や昔話を披露しあう。モアイ作りや鳥人儀礼、創造主マケ・マケや鳥人タンガタ・マヌの四方山話《よもやまばなし》。声に大きな抑揚をつけた独特の語り方が面白く、島の子供たちは、目を輝かせながらこれに聞き入る。

飾りものコンテスト　貝殻のネックレスやモアイの木彫りなどを作る

ハーモニカコンテスト

一人ずつステージに上がってはハーモニカを吹き、そのメロディーの美しさ、技術力の高さを審査員が採点する。島では、第二次世界大戦時にドイツ軍から伝わったハーモニカが広く根づき、多くの人々が演奏を楽しむ。

飾りものコンテスト

各チームの代表者がモアイの木彫り、貝殻のネックレス、昔は首長だけがつけていた胸飾りのレイミロなどを作り、品評会形式で優劣が決められる。

ファッションショー

各チームの古老たちが、貝殻だけで作られた服、バナナの皮で飾られた衣装などを半年前から作り上げ、王女候補がそれを身につけてステージ上で披露する。どれだけ細かく美しいものが作られているかが採点さ

ファッションショー　バナナの皮で作った衣装（上）と貝殻の衣装（下）。
両チームとも半年かけて作る

れる。

グループダンス

子供組、青年組、大人組が、それぞれ伝統的なポリネシアンダンスを披露し、完成度を競いあう。各組八〇人くらいが一ヵ月前から練習を重ね、王と王女の物語、ロンゴ・ロンゴの物語、若者たちの恋物語など、島の伝承にまつわるレベルの高いダンスを繰り広げる。その独特の世界観は、まるで壮大な時代絵巻を見ているようだ。

巨大なモアイ像と山車のパレード

祭りの最後を飾るイベントで、木彫りの巨大なモアイ像を山車《だし》代わりのトラクターに乗せて練り歩く。メインストリートのアタム・テケナ通りは、ボディ・ペインティングを施し、鳥の羽で着飾った数千の人々で埋め尽くされる。山車や彫刻はもちろん、一人一人のファッションが審査員によって採点、加算されていくため、各チームとも人集めに余念がない。このパレードだけは、チーム以外の島民や一般の観光客も自由に参加できるため、祭りのボルテージは最高潮になっていく。

子供たちのダンス。島には美男美女がとても多い

青年と大人たちのダンス。毎年新たな振り付けに挑戦することで、会場は熱狂の渦に巻きこまれる。伝承を元に作られる独自の世界観は、まるで壮大な時代絵巻を見ているよう

巨大モアイと山車　村のメインストリートを、巨大なモアイと山車が曳《ひ》かれていく。ボディ・ペインティング、鳥の羽で作った衣装、牛の骨など、最高のおめかしをして参加する

2014年は前代未聞の赤、青同点。２人ともがミス“ラパ・ヌイ”となった

最終日

こうして数多くの競技やパフォーマンスが展開された二週間後の最終日。島中が固唾《かたず》を飲んで見守るなか、ステージ上で発表された競技結果は、なんと両チーム同点。二人の候補者がミス〝ラパ・ヌイ〟に輝くという前代未聞の結果となった。

青組の王女タウラマ・ラプは笑顔で聴衆に語りかけた。

「私はラパ・ヌイ人です。昔から連綿と伝えられてきたものを大切にして、それを後世に伝えていくのが、これからの私の使命です。ラパ・ヌイ人はどこからやって来て、どんなふうに生きてきたのか。それをこの祭りが教えてくれました」

赤組の王女メラヒ・トゥキは、涙を流しながらマイクを握った。

「このタパティ祭りのお蔭で、私の一番大切なものが何かを確信しました。それは家族です。私の家族、チームとしての家族、そしてラパ・ヌイ人という民族としての家族です」

祭りのフィナーレを飾るのは、一〇〇〇発の打ち上げ花火だ。伝統を復活させることは、自分たちのアイデンティティを確認し、民族としての自信と誇りを取り戻すこと。満月が煌々《こうこう》と輝くなか、色とりどりの大輪が、人々の想《おも》いに寄り添うように咲き誇った。

第五章　聖なる島

僕が初めてイースター島を訪れたのは、今から一六年前のことだ。南米を一年かけて巡る、長い旅の途中だった。アルゼンチンの最南端ウシュアイアから出発し、パタゴニアを縦断、チリの首都サンティアゴへ。そこから念願だったモアイ像を見るために、はるか西の絶海へと飛んだのだ。

しばらくイースター島に滞在し、憧《あこが》れのモアイもほぼ撮り尽くした頃、食堂で隣り合ったラパ・ヌイ人から聞かされたのが「聖なる石」の話だった。ラノ・カウ火山の一角に、今も島の信仰を集める不思議な石がある。島民ですらその存在を知るものは少なく、もちろんガイドブックにも載っていない。自分にもはっきりとした場所は分からない、というのだ。聖なる島の、聖なる石。その響きに感じるものがあった僕は、急遽《きゅうきょ》滞在を延ばし、翌日から探索を始めた。

だが島の南西部に広がるラノ・カウ一帯はあまりに広大で、一日中歩き回ったが何ら手掛かりはつかめない。砂利で滑りやすい森の中を、空《むな》しくさまようだけで翌日も過ぎ、半ば諦めか

ラノ・カウ火山に聖なる石がある。広大な火口は砂利で滑りやすい

聖なる石には、創造神のマケ・マケが彫られていた

けた最終日。夕闇《ゆうやみ》せまる草むらで、人が歩いたようなかすかな跡を辿っていたときだった。その跡は五〇〇メートルほど続いていたが、途中で深い藪《やぶ》に行く手を阻まれた。近くの木によじ登ってみると、藪の向こうに何か黒い影らしきものがある。藪こぎを決めた僕は、棘《とげ》のある木々を一気にかき分けていった。藪が次第に少なくなると、足元にふたたびあの細い跡が現れ、さっきの黒い影へと続いている。近寄ってその影を回り込んだ瞬間、僕は思わず声を上げた。

森の中に祀られるように、直径三メートルくらいの丸みを帯びた巨石が鎮座していた。ほんのりと白っぽく、ザラつきがあるのは玄武岩でできているせいだろうか。緑の苔と海藻のような地衣類にうっすらと包まれた表面には、イルカのような生き物と、それに抱かれるような形で、鳥の姿が精緻に彫り込まれ、全体から気圧《けお》されるような強烈なエネルギーが吹き出している。石の下には二、三人くらいが入れそうな隙間があり、火をおこした跡とかすかな煙の残り香があった。

僕はこのとき初めて、イースター島がモアイだけの島ではないことを知った。もしかすると、限られた島民だけが知るこのような場所が、まだほかにも存在するのではないか。そんな未知との遭遇に好奇心をかき立てられて、毎年この島へ通うことを心に決めたのだ。

パトとの出会い

特別な旅には、特別なガイドが必要になる。世界中を旅してきた僕が、ひとつだけ確信を持って言えることだ。一般的なツアーガイドではなく、こちらの知識や経験の限界を軽々と飛び越え、まったく違う次元に誘《いざな》ってくれるような人物。これまでも、不思議な縁によって、そんな人たちと出逢《であ》い、数々の忘れがたい旅を体験してきた。そしてここイースター島でも、巡りあうのに数年もの月日が必要だったが、ついに僕を導いてくれるガイド役が現れた。地道に通いつづけた僕に、ラパ・ヌイの神が最後は根負けしたかのように。

その日、久しぶりにイースター島を訪れた僕は、島の友人キオエと再会し、彼の車でハンガロア村の定宿に向かっていた。互いの近況を報告しながら、教会へと続くテピト・オテヘヌア通りに入ったあたりで、僕はふと思い立ち、車を路肩に寄せてもらうと、カメラを持って外に出た。

日曜日の教会は、ミサを終えたばかりの島民たちであふれていた。アロハシャツで正装した男性たち、ドレスとプルメリアの花で着飾った女性たち。彼らの談笑する姿をカメラで切り取っていると、一人の屈強な男が、こちらを見つめているのに気づいた。浅黒い肌にギョロッとした大きな瞳《ひとみ》、体重は軽く一〇〇キロは超えているだろうか。その男が歩き出したかと思うと、ぐいぐいとこちらに向かってくる。何か文句でもいわれるのかと身構えたとき、

「パト！」

後ろからキオエが走り寄り、二人はがっちりと抱き合った。

男の名はパトリシオ・パテ、通称パト。キオエとは幼なじみのような間柄だが、会うのは本当に久しぶりだという。キオエが僕を、島にずっと通い詰めている日本の写真家だと伝えると、パトは品定めするように、じっとこちらを見た。

「キオエの友だちなら信用する。俺の家はここから少し上ったところにある。今晩、遊びに来るといい」

その夜、森の中に佇む一軒家の庭先には、すでにパトの友人知人が大勢集まっていた。パトは極太の網に手際よく肉を並べて、黙々とアサード（焼肉）の準備をし、奥さんのトゥッティは、自宅のビニールハウスで採れた有機野菜のサラダやバナナケーキを用意している。僕とキオエが加わったところで、夜の宴が始まった。

はじめ寡黙で近寄りがたく思えたパトは、お酒が入ると一転して陽気になり、自分の話を

饒舌《じょうぜつ》に語り出した。昔は島で一番の踊り手で、タヒチから招待され、七年間もそこで暮らしたこと。現地では、ダンスとタクシーの運転手で生計を立てながら、公用語のフランス語をマスターしたこと。だが何より僕をときめかせたのが、時間を見つけては、島の隅々まで自分の足で歩いて回り、新しい場所や面白い場所を探しつづけていることで、今では島中のガイドたちがパトに教えを乞《こ》いにやってくるほどだというのだ。

「テツヤは世界中を旅していて、もう一〇〇ヵ国以上で撮影しているんだよ」とキオエがいうと、パトはほんのり上気した顔で「そのなかでいちばん好きな場所はどこだ？」と聞いてきた。酔った勢いも手伝って「もちろん、ラパ・ヌイでしょ！」というと、息が止まりそうなくらい強く抱きしめられた。「今日からお前は俺の家族だ、家族の一員だ」

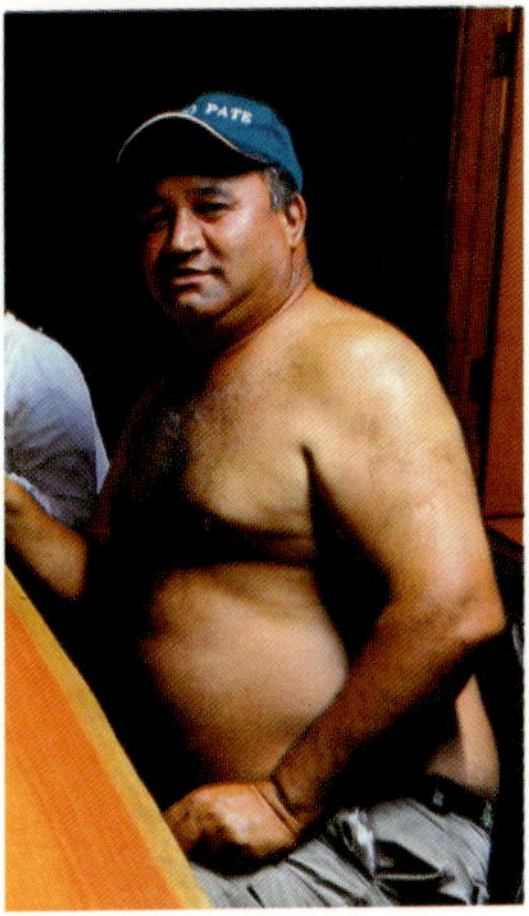

案内人のパト

深夜になり、客は一人また一人と帰っていく。キオエは酔っぱらって机に突っ伏している。気づくとパトと僕だけが焚き火の前に座っていた。

「お前は、なぜ何度も島にやってくるんだ」とパトが聞く。

「モアイ以外に、まだ見たことがないものを見たくて。例えば、聖なる……」

するとパトが真剣な顔つきになった。

「テツヤ、島の中には、お前のいうように特別な場所がいっぱいある。だがお前には絶対それは見つけられない」

今度は僕がパトをじっと見る番だった。

「なぜなら、それには特別な案内人が必要だからだ。そしてそんな人間は、島には一人もいない。このパト以外にはな」

そういうとパトは豪快に笑った。

こうして僕は、外部の人間は滅多に目にすることができないパトの秘密の場所、イースター島の未知なる場所を、一年に一つずつの約束で案内してもらうことになったのだ。もちろんパトの〝家族〟として。

①ポイケ半島

特別な場所への旅は、その翌年から始まった。パトは僕のために、離れの小さな一軒家を貸してやるといってくれた。バナナやパパイヤの木々に囲まれた白壁の平屋で、台所、浴室、寝室の揃った1DK。部屋中に甘い香りが立ち込めるこの家は、旅の素晴らしいベースキャンプとなった。

「テツヤ、起きてるか？　昨日からやたらとゴキブリが多い。明日は雨になるだろうから、今日のうちに秘密の場所へ出かけるぞ」

早朝からパトに叩き起こされた僕は、慌ててシャワーを浴びると、カメラとリュックをつかみ、ピックアップトラックに飛び乗った。すかさずパトはエンジンをかけ、ハンガロア村から一路アナ・ケナを目指して北上する。車はモアイ・パロのいるテ・ピト・クラを越えて、海岸沿いのオフロードへ。尖《とが》った岩が露出しているが、パトはお構いなしに、すごいスピードでかわしていく。そこから二キロメートルほど走り、最後は三〇度くらいの急斜面を一〇〇メートルほど上ったところで停車した。

「ここが俺の一番お勧めの場所、ポイケ半島だ」

あたり一面に黄土色の草や、マメ科のルピナスの生えた原っぱが広がり、柵《さく》の向こうにかすかに残る轍《わだち》の跡が、ずっと半島の中腹まで続いている。左からマウンガ・テアテア（二二〇メートル）、マウンガ・バイア・ヘバ（二八〇メートル）、プアカティキ（四一〇メートル）の三つの火山の勇姿。振り返ると、島の全景がよく見渡せ、丸みを帯びた小さな火山がポコポコと連なっている。

「以前は車で入ることもできたが、環境保全のため、乗り入れが全面的に禁止された。歩きで回るのは大変だから、地元のガイドも遠のいた。いまやここは、面白い遺跡がふんだんに楽しめる、穴場中の穴場なんだ」

パトが電話すると、しばらくして管理人が現れ、許可と共に柵を開錠してくれた。

「さあ目指すはマウンガ・バイア・ヘバだ」

バイア・ヘバの水がめ

　マウンガとはラパ・ヌイ語で〝山〟。道はなかなか急峻だが、バンダナを巻いた巨漢のパトは、信じられない速さでぐいぐいと登っていく。慌ててその後を追う僕に、夏の直射日光は容赦なく降り注ぎ、湿度の高さもあってすぐに汗が噴き出してくる。次第に背丈の高い植物が姿を消し、地を這《は》うような草だけになってきたのは、ふだんから風が強いせいだろうか。四〇分ほど登ったところでパトが立ち止まり、脇に差した水筒の水を口に含みながら、山の上部を指さした。

「テツヤ、あそこに何か見えないか?」

　斜面にたくさんの岩が集まっている場所があり、その中心にひときわ大きな岩がある。黒褐色のその岩をじっと見つめると、人の顔のような形が像を結んできた。

「バイア・ヘバの水がめと呼ばれる、不思議な顔面彫刻だ」

五〇〇メートルほどの急坂を登って岩場に辿り着くと、顔面彫刻の高さは、ゆうに五メートルを超えている。三〇度くらいの傾斜面にあって、真下からでは形状がよく分からないので、そばにある岩によじ登って全体を見下ろすと、サッカーボール大のギョロッとした眼、突き出た顎、分厚い唇など、まるで福笑いの鬼の顔のようなものが精巧に彫られている。口の中に溜《た》まっているのは、しばらく前に降った雨水だろう。

「島民が貯水用に作ったものとされているが、俺はかつて、島に何十、何百といった神様の一つを彫り、聖なる水を頂いて崇拝していたものだと思う」

巨石や巨木、巨像などに神が宿り、すべての生命がそれによって生かされるという、日本の八百万《やおよろず》の神信仰のようなものが、ここイースター島にもあったのだろうか。

岩場を登ったパトは、浸食によって穿たれたいくつかの洞に、顔を突っ込んでは何かを探しはじめ、三つ目の窪みから顔を上げると僕を手招きした。一メートルほどの奥行きしかない洞のなかに、黄色っぽい岩の塊が置かれていた。

洞窟内に横たわるモアイ・チーコ

「島で最も小さなモアイ、モアイ・チーコだ」

よく見ると、岩の下部にくっきりと両手が彫刻されている。残念ながら、頭部は何者かに盗み去られてしまったという。昼の光が少しだけ洞窟内に射し込むと、七〇センチほどのモアイを高貴な黄金色に輝かせた。

洞を出ると、パトが野生のタロイモに石を打ちつけていた。芋だけをポケットに入れ、茎は土に植え直す。こうすることで、また新たな芋が実るのだという。

「タロイモは昔から島にあるの？」

「ああ。バナナも昔から、サトウキビも昔から。そして、マリファナはもっと昔から……」

パトは高らかに笑った。

マウンガ・バイア・ヘバからは、マウンガ・テアテアの稜線《りょうせん》を越えて、北に広がる断崖絶壁の海側へと向かう。下からは遠くてよく見えなかったが、禿山《はげやま》のプアカティキに少しだけ生えている木が、ユーカリの木々だったということが分かった。防風林を作るため、わざわざオーストラリアから移入されたものだという。海に近づくにつれて、アザミがピンク色の花火のような花を咲かせ、ルピナスの野生種チョチョが生い茂ってくる。パトは記憶を手繰るように、時折立ち止まっては自分の位置を確かめ、黄土色の崖の近くまで来ると荷物を下ろした。

「テツヤは高所恐怖症ではないな？　ここからは身軽なほうがよいから、カメラだけ持っていけ」

パトが断崖絶壁を覗きこむ。この先にアナ・オケケ洞窟がある

そういうと、海に面した断崖絶壁をするすると器用に降りていく。覗《のぞ》きこむと一〇階建てのビルくらいの高さがあり、一歩間違えれば奈落《ならく》の底だ。足元の岩は非常に脆《もろ》く、パラパラと崩れては、はるか下の海面で小さな飛沫《ひまつ》を上げる。僕は少しでもつかみやすい岩に手をかけ、足の置き場を慎重に探りながら、一歩一歩じりじりと下がっていき、三〇分以上もかけてようやく地面に辿り着いた。その場にへたり込んだ僕を、仕方ないやつだとパトは笑った。

すぐそばに、高さ五〇センチ、幅八〇センチくらいの、半円形の黒い穴が開いている。膝をついて体を滑り込ませると、トンネル状になった空間の壁面はツルツルに磨かれ、植物や魚、斧《おの》や人、豊饒のシンボルなどの見事なペトログリフがそこら中に刻まれていた。合計三〇ヵ所はあるだろうか。風が一切入らず、湿気でひどく蒸す洞窟の中をずっと奥へと進んでいくと、三〇〇メートルほど先からは、鍾《しょう》

アナ・オケケ洞窟は、300mほど続いていた

壁には、無数のペトログリフが彫られていた

乳洞《にゅうどう》のように石灰化し、天井から水がしたたっていた。

「このアナ・オケケ（太陽が沈む洞窟）と、さらに下にあるアナ・モレタマ・プク（月が沈む洞窟）の二つを合わせて、島ではウエネルと呼ぶ。ウエネルとは、処女という意味だ」

パトの野太い声が周囲に反響する。

「その昔、各部族の首長が毎年七歳になる少女を選び、この洞窟に一年間住まわせた。一二の部族がいたというから、少女の数も一二人。全身に白と赤のボディ・ペインティングを施され、爪や髪は切ることが許されず、古来の歌パタ・ウタウを繰り返し学ばされた。太陽の光に当てられず、純真無垢《じゅんしんむく》の象徴である真っ白な肌となった少女たちは、多くが王や司祭の花嫁になったが、ときには生贄《いけにえ》に供されることもあったという」

思わずあたりを見回すと、目に見えぬ少女たちの想いが、周囲の壁に染み付いているかのような気がしてきた。何も知らない少女たちは、この洞窟の中で、どんな想いを抱きながら生きていたのだろう。夜ともなればこっそり外に出て、満天の星空を寂しく見上げることもあったのだろうか。遺跡を見るということは、ただその場所を眺めるのではなく、そこに生きていた古代の人たちの姿や想いを呼び戻し、リアルに感じ取る行為を意味するのだと思う。

プアカティキ火山の麓に、色白のモアイ・テアテアがある

洞窟を出て、草原になった南斜面を登っていき、小さな台座を二つ越えると、ポイケ半島の主峰プアカティキ火山が右手に迫ってきた。約三〇〇万年前、この主火山の爆発によって、ポイケ半島が形成されたのだ。ポコニーデ型火山の広い稜線を一時間ほど歩いていくと、うつ草に埋もれた台座と、伏せや仰向けになった一〇

テアテアとは白の意味。草原に白いモアイが散乱していた

ひときわ耳が大きなモアイ

体ほどのモアイが見えてくる。

「モアイ・テアテアだ。テアテアとは、ラパ・ヌイ語で白のことだ」

　その名の通り、モアイの全体が白っぽく、長年放置されているせいか、胴体には苔や地衣類がびっしりと付着している。

「ポイケに住んでいた部族は少し変わり者で、彫刻しやすいラノ・ララクの凝灰岩よりも、ずっと硬くて手間のかかる玄武岩を好んで使った。ほかと比べて、小さくて精巧なモアイが多いのは、そのせいだともいわれている」

　大きな耳をしたクリーム色のモアイの脇に、アザミの綿毛がゆらゆらと舞っている。サモトラケのニケ（ギリシャで出土した女神像）のように首のない小さなモアイの横で、海に向かって

草原の中に消え去ろうとしているモアイ

じっと黙想するパトの姿に、僕は古代ラパ・ヌイ人のイメージを重ねた。

②テレバカ火山とグリーンフラッシュ

二回目の特別な場所の旅にパトが選んだのは、島の最高峰テレバカ火山だ。村からの道が分かりにくく、往復で半日もかかるため、この山を登る観光客はほとんどいない。

パトの家を出たのはもう夕方過ぎで、テレバカ火山の登山口があるアフ・アキビでは、七体のモアイがうっすらと夕日に染まりはじめていた。登山口の黄色い看板には、車とバイクの立ち入り禁止マーク。ここもポイケ半島同様、環境保全のため、徒歩でしか入山できないのだ。

アフ・アキビの脇からテレバカ火山の登山道が始まる

ユーカリの並木道を通りぬけ、どこまでも続く草原の道をゆっくりと登っていく。やがて眼下にはハンガロア村の風景が広がり、遠くにラノ・カウ火山が望めてきた。まるで光り輝く緑の絨毯《じゅうたん》が、島中に敷き詰められているように見える。歩きはじめて一時間半、最後の登り坂に差し掛かったあたりで、急に風が強まってきた。ようやく頂上に到達すると、一〇人ほどが立てるだけの広さしかなく、ピラミッド型に積み上げられた小石の山に、枯れた木々がオブジェのようにささっている。何も遮るものがないので、暴風といってもいいくらいの風が吹きつ

テレバカ火山の頂からラノ・カウ火山を望む

ける。だが、東のポイケ半島から北の海岸線、西のラノ・カウ火山から南の森林地帯まで、ぐるりと一望できる大パノラマには目を奪われるばかりだ。そんな僕を見てパトが言う。

「感動するのはまだ早い。ここが特別な場所になるのは、これからだ」

燃えるような太陽が大海原に少しずつ沈んでいき、周囲を真っ赤に染め上げていくと、頃合いを見たパトは、振り返って反対側の空を指さした。そこには、巨大な紅色の満月がせり上がってきていた。

「一〇〇ヵ国以上旅したテッヤも、夕日と満月を同時に見たことなんてないだろう」

日の入りと月の出がほぼ同じ時刻になる満月の日。東西の水平線が見渡せる場所。そして海と空の間に雲がないときにしか、このような奇跡は成立しない。パトはそれを見越して、この時間の山頂へと連れてきてくれたのだ。

島の最高峰テレバカ火山からは360度の展望が広がる

海を焦がしながら、夕日が海面へ消えかけていく。その最後の欠片が水平線と重なろうとした瞬間、太陽の頂点が突然緑色に染まった。

「ツイてるぞ、テツヤ。グリーンフラッシュだ」

グリーンフラッシュとは、光の屈折によって起こる幻の緑閃光で、発生確率は年にわずか二〜三回。その珍しさから、イースター島を含むポリネシアでは「グリーンフラッシュを見ると生涯幸せになれる」という言い伝えがあるほどの現象なのだ。

テレバカ山からの絶景、同時に見た夕日と満月、そして幻のグリーンフラッシュ。パトと一緒に下山した僕は、上気しすぎた気分を少し冷ますため、ハンガロア村の海辺で一人撮影することにした。

アフ・タハイの駐車場から海側へ下っていくと、島で唯一眼の入れられたモアイ、アフ・コテリクが、満月に煌々と照らされていた。海面と空気の温度差でいつも発生するはずの雲もなく、月がクリアに見えている。あたりには干し草のような甘い香りが立ち込め、コオロギの羽音と寄せ返す波の音だけが静か

に響き渡る。星空の軌跡とモアイを重ねあわせるため、シャッターを開放にし、結露したレンズを拭《ぬぐ》っては撮影を繰り返す。足元からは冷気が立ちのぼり、体の芯《しん》まで冷えきっていく。気づくと午前五時。満月はオレンジから深紅に色を変えながら、西側の海へゆっくりと沈んでいく。そして沈みゆく満月が海面に消えようとする瞬間、月の両脇に緑色の蜃気楼《しんきろう》のようなものが揺らめいた。すかさず連写し、カメラのモニターをチェックすると、最後の一枚に、はっきりとその光景が映り込んでいた。初めて見る、月のグリーンフラッシュだった。

③ピンクの浜と珊瑚のプール

世界の海の透明度ランキングというものがあり、一位は世界中のダイバーの憧れ、エジプトの紅海《こうかい》。それに続く第二位が、実はイースター島だ。海の美しさを堪能できる場所と言えば、真っ先に浮かぶのがアナ・ケナだが、パトの知る場所は、観光客もまず訪れない、心から愛すべき〝プライベートビーチ〟なのだという。三回目の特別な場所への旅は、この知られざる浜

夕日が落ちる瞬間、グリーンフラッシュが瞬いた。イースター島を含むポリネシアでは、「生涯幸せになれる光」と信じられている

左ページ アフ・コテリクの上空に、満月が煌々と輝いた

㊤ アフ・コテリクの背後に、満月が落ちていく
㊦ 満月が水平線へ落ちる瞬間、月のグリーンフラッシュが出現した

辺に行くことになった。

パトの車は、ハンガロア村からまずアナ・ケナビーチへ向かい、アナ・ケナに着く手前で小道を入ると、さらにいくつか道を折れたところで止まった。石の壁伝いに歩いていくと「ライフガードがいないため、遊泳は自己責任で」との注意書きがあり、その先に高さ一〇メートルほどの岩場が立ちはだかっている。テカテカと濡れた足元の岩には藻が付着し、非常に滑りやすくなっているが、クーラーボックスを担いだパトは、ひょいひょいと身軽にそこを回り込んでいく。その後から慎重に岩場を越えていった僕は、目の前に現れた光景に思わず見惚《みほ》れてしまった。

すっぱりと切れ落ちた崖の真下に小さな湾があった。ターコイズブルーの海が宝石のように輝き、他の浜辺では見たこともない、ピンク色の砂浜が一面に広がっている。砂のキメが細かいせいだろう、波の引き際に美しい曲線模様が描かれ、シャンパンのような無数の泡がシュワシュワと弾けている。

「これこそがイースター島の隠された楽園、オバヘ・ビーチさ」

パトは自慢げにそういうと、赤い崖をくり抜いた高台の窪みに、どっかりと腰を下ろした。そこが浜辺を見下ろせるパトの特等席なのだ。

「後ろの山を見ろ、岩全体が赤い。大量の鉄分が含まれているからだ。岩が礫《れき》になり、砂粒になっていく過程で、色がどんどん薄くなり、このピンク色になるというわけだ」

オバヘ・ビーチは、ピンクの砂浜が広がる楽園だ

島にはピンクや黄色の美しい珊瑚も見られる

パトはトゥッティの愛妻弁当をぱくつき、ビールで流し込みながら説明を続ける。
「このオバへからは、満月の月の出が見られる。毎年一月か二月、水平線に雲がなければ、大きくて真っ赤な月が海から立ち昇ってくる。美しいぞ」

お伽話《とぎばなし》に出てくるようなビーチで、しばしの昼寝を決め込んだあと、パトはもう一つ別の場所に連れて行ってくれた。

ポイケ半島からアフ・トンガリキを経て、二キロメートル先にあるラノ・ララクへの分岐を越えたあたりでオフロードへ。そこから海側へ二〇〇メートルほど進んだところで車を止め、急斜面の崖を海辺へ向かって慎重に下り、真っ黒な火山岩の浜辺をさらに沖へと歩いていく。このあたりは満潮時は海に沈んでいるが、干潮時の今はこうして渡ることができるのだという。

浅瀬には、たくさんのウニが生きている

20年前から原生種の植林や土壌改良が行われている

滑りやすい岩の間の窪みには、いくつも天然のプールができている。ウツボが顔を出し、カニがすばしこく動き回り、ウニは丸い窪みに体を押し込んで、打ち寄せる大波から身を守ろうとしている。そして洞窟のようにせり出した、黒々とした岩場の下には、直径三〇センチくらいの赤やピンクの珊瑚礁が見え隠れしていた。

「他の島々に比べると、イースター島の珊瑚礁はあまりに数が少ない。かつて資源枯渇に陥ったとき、森や土の養分が大量に海へ流れ出し、多くの珊瑚が死滅してしまったからだ。だが二〇年ほど前から、マフーテ（カジノキ）やマコイ（マホガニー）、トロミロ（マメ科ソフォラ属）など原生種の植林や土壌の改良を行い、少しずつまた珊瑚礁を復活させている。俺の友だちが中心になって、島の事業として取り組んでいるんだ」

ラパ・ヌイの未来を担う子供たちのためにも、祖先が起こしてしまった過ちを、二度と繰り返してはならない。パトはいつか必ず、島中が珊瑚に覆われる日が来るはずだと固く信じている。

④モアイと皆既日食

二〇一一年七月一一日は、島にとって特別な日となった。実に三七年ぶりの皆既日食がやってくることになったのだ。

「初めて皆既日食を見たのは、まだこんなに小さなガキの頃だ」。パトが楽しそうにいう。

「そこら中の木々がザワザワと葉を揺らして、昼なのにまるで月夜のようになるし、子供心に不気味さすら感じたよ。たくさんの鳥がうまく飛べずに道端に落ちていたから、夢中で捕まえたことを思い出す」

僕はこの世紀の天体ショーを、誰も撮らないような場所から撮影したいと思った。当日は午後一二時四〇分頃から日食が始まり、一四時八分から一四時一三分までの四分四一秒が最大食となる。この時間帯に、皆既日食とモアイを重ねあわせた最高のショットが狙《ねら》える場所として、僕が候補地に絞ったのは、眼の入ったモアイ、アフ・コテリクが立つタハイ儀式村と、一五体のモアイが並ぶアフ・トンガリキの二ヵ所。だがパトが推したのはまったく別の場所、モアイ・ピロピロで有名なラノ・ララクだった。そこが四回目の特別な旅の目的地となった。

皆既日食の三日ほど前から、ラノ・ララクで撮影の予行演習をはじめた。毎日一四時過ぎに現場に行き、晴れ渡る空の下、太陽の軌跡をカメラで追いかける。事前にこうして試行錯誤しながらイメージを固めていくことで、当日の撮影が非常にスムーズになるのだ。練習自体はうまくいったが、気になるのは天気だった。南半球に位置するイースター島はこの時期真冬で、天候が急変しやすいことで知られている。案の定、前日から雲行きが怪しくなり、皆既日食当日は朝から海風が強く吹き、大粒の雨が降りつける最悪の天候に見舞われてしまった。

ハンガロア村から南の海岸線を通り、ラノ・ララクに向かう途中、パトの運転する車はワイパーを強にしても前がよく見えず、池のような水たまりに何度もハンドルを取られた。ようやく目的地に辿りついても、雨は一向に止む気配がなく、僕とパトは車の中でじっと待機するほかなかった。

「ここは子供の頃、俺が皆既日食を見た場所なんだ」とパト。

「みんなは、村に近いアフ・タハイのあたりで見ていたが、俺はどうしても一人でここにきたかった。俺たちの先祖がこのあたりに住んでいたし、あれは昔から願い事をたくさん叶《かな》えてくれたモアイだからな」

「願い事？」

「島ではモアイの下で祈ると、願いが叶うって信じられている」

フロントガラスには滝のように雨が流れつづけ、外は白く煙っていた。

「どうやって祈るの」

「モアイの下で眼を閉じて、楽しかった思い出を心の中で膨らませていく。そして〝今この瞬間〟に生かしてもらっていることに感謝する。そうすれば、自分にとって最良の状態をモアイはもたらしてくれる」

昼の一二時を回っても雨はまだ降りつづけている。僕はレインジャケットのフードを被ると、ドアを開け、一人で車を降りた。そして、雨の中をモアイ・ピロピロまで歩いていった。雨が染み込んだモアイは、いつもより黒ずんで、顎から首へ、とめどなく水が流れ落ちていた。僕はその下で手を合わせ、祈りはじめた。自分の先祖が、いつも見守ってくれていることへの感

㊧ モアイ・ピロピロの下で皆既日食を見ることになった
㊨ イースター島の役場が作成した、皆既日食のワッペン

謝。ラパ・ヌイの先祖が、パトや島の友人と出会わせてくれたことへの感謝。そして最後に、ラパ・ヌイの神々へも祈りを捧げた。

雨が背中を打ち、シャツはびしょ濡れになり、髪の先からは雨の滴がしたたり落ちた。どれだけそうしていただろう。ふと雨が小降りになってきた気がした。空を見上げると、雨雲の流れがだいぶ速くなっている。そればかりか、うっすらと明るくなった部分まで見える。車のほうから、観測用のメガネをかけたパトが笑いながらやってきた。

「テツヤの祈りが通じたな。もうじき晴れるだろう」

雲間から一条の光が射し込んだ。カメラザックから観測用メガネを取り出し、太陽のほうを見ると、わずかだがもう欠けはじめている。雲はさらに強い風によって押し流され、太陽がはっきりと見られるようになってきた。急いで二本の三脚を立て、一つのカメラには広角レンズ、もう一つには望遠レンズを取り付ける。

月が刻々と太陽に近づいていき、まるで早送りのように、昼間の明るさが夕暮れ時の薄暗さへと変化していく。足早に忍び寄る闇に、思わず全身がこわばってくる。まわりの木立から狂ったように小鳥たちが飛び出し、右往左往と飛翔《ひしょう》を繰り返す。黒い月に少しずつ食べられ、両端から光を消していった太陽は、いまや三日月より薄くなり、ついに細長い黄金色の線だけになった。

一四時過ぎ、月の輪郭の一部に、真珠のような丸い粒が連なった。月の表面の凹凸が太陽光に反射して起こる、ベイリービーズ現象と呼ばれるものだ。そして息をつく間もなく、皆既日食最大の見せ場がやってきた。太陽が月によって完全に隠される直前、月の谷間から漏れた太陽の光が、まばゆいばかりの輝きを放つ、ダイアモンドリング現象が起こったのだ。宇宙の闇でできた指に、巨大なエンゲージリングがはめられたようなその光景に、僕もパトも大きな歓声を上げた。ファインダーを覗きながら夢中でシャッターを切る僕の横で、パトが言う。

「太陽は、島の神々と深く関係している。島の中には今も太陽（ラパ・ヌイ語でラー）に由来する地名が色々と残っているし、かつては日食や月食の名前がつけられたモアイもあった」

太陽の外周にピンク色の層がチラついている。超望遠レンズで覗くと、プロミネンスと呼ばれる紅色の炎が立ち昇っているのが分かった。ついに最後の光が失われ、太陽と月が完璧に重なりあう。あたりは深い闇に包まれ、水星や金星、いくつかの星座群が静かに瞬くのみだ。ひときわ闇の濃い太陽の周囲には、ふだんは決して見ることのできないコロナが姿を見せた。摂

モアイ・ピロピロと皆既日食が重なった

太陽の周囲に紅色の炎“プロミネンス”がゆらめく

日食の最大の見せ場“ダイアモンドリング”

氏一〇〇万度のガスが作りだす無数の流線。その白き炎は、生き物のように揺らめき、うごめいている。

「眼」だ。

闇という窪みにはめられた漆黒の眼。あまりにも巨大な眼球が、今この島を見下ろしていた。すぐ側《そば》にいるモアイ・ピロピロが、何億倍、何兆倍にも拡大されたかのようなその姿に、畏怖《いふ》の念すら覚えるほどだ。天空の巨大なモアイは、一体何を思っているのか。何を伝えようとして、じっと僕たちを見つめているのだろうか。

その眼を縁取るように少しずつ増えてきた光が、突然、闇を引き裂いた。世界が一瞬にして明るさを取り戻す。それはまるで、島の全土から吸い上げられた特別なマナが、プラチナ色の光のシャワーとなって、ふたたび島に降り注いでいくかのような荘厳な光景だった。

⑤北部の特別な道（グレート・トレック）

島の北部に、グレート・トレックと呼ばれる稀有《けう》なルートがある。ハンガロア村の北にあるアフ・テペウからアナ・ケナまで、全長約一五キロメートルのこの道は、ラパ・ヌイ人でさえ滅多に足を踏み入れることがなく、数百年前の風景が今も変わらぬまま残されている。五回目の特別な場所への旅は、この最後の秘境グレート・トレックを、パトの案内で徹底的に踏査することになった。

阿蘇の草千里のような道を行く。運ぶ途中で放棄されたモアイの向こうにテレバカ火山

グレート・トレックの入口は、アフ・テペウ北東部の、山側に進路を取ったところにある。勾配のある草原の丘陵地を登っていくと、上空で小型飛行機が旋回している。

「チリ空軍のパトロール機で、マリファナの違法栽培を監視している。今朝のマヌ・ケナでそういっていた」

マヌ・ケナとは〝飛ぶ鳥〟の意味で、四〇年間続いている島のラジオ局の名前だ。天気予報から船の入港日、空軍の飛行日など、島に関するありとあらゆるニュースを、ゆるやかなテンポのポリネシアンミュージックに乗せて島民に届けている。

太陽が燦々《さんさん》と降り注ぐなか、テレバカ火山の麓を歩いていく。あたりにはマメ科の落葉高木デイゴ（沖縄の県花）の赤い花が咲き乱れている。緑の短い草が敷き詰められた風景は、日本の阿蘇《あそ》にある草千里《くさせんり》にそっくりだ。左手にコバルトブルーの海を見ながらさらに進んでいくと、首のもげたモアイが、道端に仰向けになっている。運んでいる途中に何らかの理由で倒れ、そのまま放置されてしまったものだろう。このグレート・トレックは、ラノ・ララクから北部の部族の台座へと、モアイが運ばれるルートにもなっていたのだ。

山の斜面を右へ巻くようにして道なき道を歩き、三〇分ほどすると、海沿いにアフ・マイタキ・テ・モアが見えてきた。高さ五メートルくらいの面長のモアイが、台座の前に倒れている。背後の山の斜面には、頂上から裾野《すその》へ、幾重にも深くえぐり取られたような跡がある。

「今から四〇年ほど前、島に大雨が降り、テレバカ火山の中腹から大規模な土砂崩れが起きた。それによって、一夜にしてこの山から海へと続く渓谷ができあがった。島中いたるところから鉄砲水が吹き出すし、あの怖さといったらなかったよ」

大きなユーカリの木の下でしばしの休憩をとった。オモヒ湾の美しい水面に白い雲が映り込んでいる。

「グレート・トレックには太陽を遮るものがないから、いつもここで休むことにしている。この木は、内陸部のユーカリの種子が風に乗ったか、鳥の糞に混じったかして根づいたんだろう。植物ってヤツは本当に逞《たくま》しい」

さらに一キロメートルほど北上し、三つ目の渓谷を越えたところでパトが立ち止まった。右上の急斜面に、ピラミッド型に積み上げられた目印の石（ケルン）がある。パトが教えてくれなければ、間違いなく通り過ぎてしまっただろう。斜面を上がると、簡単な船形の囲いと、ほんの小さな入口があり、中へ入ると、まわりの音がかき消されて無音になった。

「ここが、創造神の洞窟、アナ・マケ・マケだ」

壁面のいたるところに、フクロウの目玉のような文様が刻まれている。

上　アナ・マケ・マケの洞窟
中　フクロウの目玉のような文様が彫られている。これがマケ・マケの姿だという
下　昔の家の基礎や竈の跡がたくさん見られる。昔は大宴会場だったとパトは力説した

タンガタ・マヌの巨大なペトログリフ

「マケ・マケは、イースター島を作った神とされ、他の神々とは別格の扱いをされている。壁の文様はそのシンボルだ。このマケ・マケが人間に姿を変えると、鳥人タンガタ・マヌになる」

五〇メートルほど進むと洞窟は行き止まりとなったが、そのあたりの壁にもびっしりとマケ・マケのペトログリフが描かれていた。洞窟から海側に少し下った開けた場所には、住居跡のハレ・バカが五つと、石で組まれた三〇ヵ所以上の竈が残っていた。島中探しても、ここまで大規模な住居跡と竈跡は見つからない。儀式場だったという説が有力だが、大酒飲みのパトは、昔の大宴会場だといって譲らない。いずれにしろ人間が神々と繋がろうとするときに欠かせないのが、儀礼や祭り。最高神マケ・マケを崇拝する場所にふさわしく、もっとも神聖な場所が作られたということなのだろう。

近くの岩場には、船やタンガタ・マヌの彫刻がうっすらと残っている。一見何もないようなところも、目を凝らすと、わずかな凹凸に太陽の光が陰影を作り、タンガタ・モコ（トカゲ人間）の文様が浮かび上がった。島ではほとんどのペトログリフが洞窟や家の中、儀式場などでしか見られないが、昔はこんなふうに島のあちこちに彫られていたのかもしれない。僕の頭の中には、日本の昔話にある耳なし芳一《ほういち》のように、島中が祈りの彫刻で埋め尽くされているイメージが浮かんだ。

タンガタ・モコ（トカゲ人間）のペトログリフ

海側へまっすぐ降りていったところに小さな台座があり、その裏側に体長一七〇センチくらいの一体のモアイが待ち受けていた。目はクリッと大きく、唇は魅力的な厚さ、そして何よりも柔らかい微笑《ほほえ》みをたたえている。島にあるほぼすべてのモアイを見てきたが、こんなに可愛《かわい》いモアイは初めてだ。

上 一目惚れしてしまったモアイ・アロ・コレウ

中 巨大なスロープ状の台座、アフ・ポイポイ
下 グレート・トレックのハイライト、ハンガ・オテオ

「モアイ・アロ・コレウだ。どうした、一目惚れか？」パトがからかうようにいった。

さらに三〇〇メートルほど海沿いを進むと、巨大なスロープ状の台座が見えてきた。アフ・ポイポイという、島で最も大きな台座で、青空へ向かう滑らかな傾斜は、まるで天界へ続く列車のプラットホームのようにも見える。海の縁までアフは伸び、その上に胴体だけのモアイが鎮座している。あたりにはキョウチクトウ科のトウワタの花園が広がっている。

ほどなくして、僕らはグレート・トレックのハイライト、ハンガ・オテオという美しい浜辺に至った。島中の海岸を見ても、これほど透明感のある青い海はない。浜には波に磨かれた丸石が敷き詰められ、水色、空色、勿忘草《わすれなぐさ》色、青色、瑠璃色、藍《あい》色、紺色と、水平線まで見事な七色のグラデーションが続いていた。

⑥生命の樹

島の友人の一人に、カルロスという男がいる。大きな額と面長な顔が、どこかモアイを彷彿《ほうふつ》とさせる彼は、タパティ祭りの実行委員として、撮影の手配はもちろん、島の歴史や文化などを事細かに教えてくれた頼もしい友だ。実はパトの親戚《しんせき》でもある彼は、どうしても僕を連れて行きたい場所があると、自らガイド役を申し出た。

「テツヤは、俺たちラパ・ヌイの文化を知るため、祭りの一ヵ月も前から取材して、島の伝統を丁寧に切り取ってくれた。そのお返しがずっとしたかった。だから今回は俺の取っておきの

トウワタの花園が、どこまでも広がっていた

夏になると島はハイビスカスに包まれ、多様な花が咲き誇る。ユリショウガ、デイゴ、レースフラワー、グアバ、アリアケカズラ、アザミ、タバコ、オオキンケイギク、トケイソウ、アサガオ、ウナズキヒメフヨウ、ナスターチュームはよく見られる花だ

ハイビスカスの洞窟

場所へ連れていってやる」

こうして六回目の特別な場所への旅が始まった。ハンガロア村を出発したカルロスの車は、まず七体のモアイが立ち並ぶアフ・アキビへ。そこからさらに北上をつづけた。

「最近はずっと雨が続いていたから、このあたりも昨日まで通行止めだった」

そう言いながらも、パトに勝るとも劣らない巧みなハンドルさばきで、数々のショートカットを繰り返し、まるで湖のようになった悪路を乗り越えていく。そして到着したのはアナ・テ・パフだった。

アナ・テ・パフ自体は、観光客にもよく知られた比較的メジャーな洞窟なので、本当にここが特別な場所なのか、半信半疑で石の階段を下りていくと、後ろからカルロスに呼び止められた。

「そっちは観光客の行くほうだ。俺たちは左側のこの道を取る」

今までまったく気づかなかったが、確かに細い筋のようなものがある。先に立ったカルロスの後を追うと、途中から滑りやすい岩の道になり、その先に真っ暗な穴が、ぽっかりと口を開けていた。入口には緑の苔や朱色の地衣類がへばりつき、少し不気味な感じだ。

「ここは水の洞窟と呼ばれている、島民でもなかなか知らない場所だ」

足元に張った水に、洞窟の壁が妖《あや》しく映り込んでいるので、カメラを向けようとすると、

「こんな開口部の写真はあとでいい。さあ、行くぞ」

アナ・テ・パフの洞窟。別名「水の洞窟」とも呼ばれている

ヘッドランプの明かりを入れたカルロスは、ジャバジャバと音を立てながら奥へ進みはじめた。慌てて僕もランプをつけ、後へと続く。水は思ったよりも冷たく、くるぶしほどの高さから、やがて膝のほうまで上がってきた。闇はどんどん深くなり、まわりから何か出てきそうな気配がする。ヘッドランプの明かりの中で、カルロスの背中が心細く揺れる。三〇〇メートルほど直進し、そこから左へ大きく曲がったところで、ようやくカルロスが立ち止まった。

「テツヤ、ランプの明かりを消してみろ」

カチリとスイッチを押すと、カルロスの姿がふっとかき消え、四方から漆黒の闇が押し寄せた。まるで宇宙の深淵《しんえん》にでも吸い込まれたような、完全なる闇。しばらくそのままでいると、不思議な高音が長い残響音と共に聞こえてくるのに気づいた。

ピトッ。クツッ。クィッ。ピッ。

「きれいな音だろ。心が静かになっていくんだ」

上部の岩から滲《にじ》み出た滴が、水琴窟《すいきんくつ》のように水面を叩いて

漆黒の洞窟内に、かすかな明かりが差し込んできた

いるのだろう。その澄んだ音を聞いているうちに、身体が闇に溶け、一体となっていくような感覚がやってきた。さっきまでの恐怖感はもう存在しない。僕は自分を包み込んでくれる、温かい闇というようなものを生まれて初めて感じた。

「さあ、まだ先があるぞ」

パッとあたりが明るくなり、ヘッドランプのスイッチを入れ直したカルロスがふたたび進み出した。ゆるやかな傾斜を二〇〇メートルほど上がっていくと、いつしか足元の水はなくなり、さらに三〇〇メートルほど左へ大きく回り込むと、遠くにぼんやりと薄い光が漏れてきた。闇の中に天井から一条の光が落ちている。岩の壁を伝ってゆっくり近づいていくと、光の中心に一本のアボカドの大木がそびえ立っていた。どっしりと太い幹は、洞窟の天井に開いた穴を突き抜け、さらなる光を求めて天へ伸びている。

「この木を、我々家族は〝生命の樹《き》〟と呼んでいる」

カルロスは、慈しむように幹に手を触れ、根元付近から伸びる新たな若芽を撫《な》でた。

「俺が一〇歳の子供の頃に見つけたときは、この樹はまだ新芽の状態だった。今五〇歳だから、このアボカドの樹は四〇歳。俺と一緒にずっと成長してきたんだ。きっと俺がいなくなった後だって、家族を見守りながら、いつまでも生きつづけてくれることだろう」

家族に連綿と受け渡されていく聖地。それはいつの時代も、自身の原点へと帰るきっかけを与えてくれる。カルロスの話を聞きながら、特別な場所を必要とし、それを守り抜いていくラパ・ヌイ人の心のありよう、島と共に生きるということの意味が、垣間見《かいまみ》えたような気がした。

巨大なアボカドの木が天空へと伸びていた

終章　祈りの島

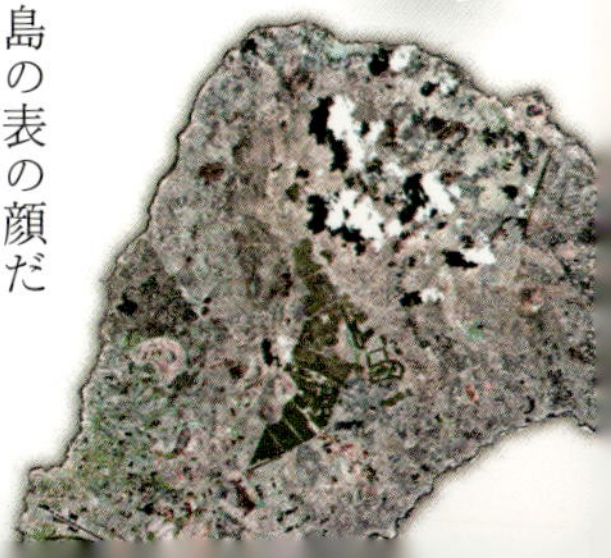

パトやカルロスが案内してくれた、特別な場所への旅。いまや僕はイースター島の表の顔だけでなく、その裏側に隠された意外な素顔まで知るようになった。そして、彼らが大事にする、それぞれの場所に対する思いの強さに打たれた。

そんな僕にとって、この島に特別な場所があるとしたらどこだろう。もしそんな場所があったとしたら、僕は今そこで何を感じ取るのだろう。ふと脳裏に浮かんできたのは、あのラノ・カウ火山の奥地に眠る「聖なる石」の姿だった。

ラノ・カウにあるその場所への降り口は、しばらく前から進入禁止になっていた。火口に立ち入った観光客が行方不明になる事故があり、全面的に立ち入りが制限されてしまったのだ。だが国立公園のレンジャーか、経験豊富なラパ・ヌイ人のガイドが一緒であれば入ることができると聞き、パトに頼むと二つ返事で引き受けてくれた。

「俺もあそこへ行ったのはだいぶ昔のことで、はっきりとは覚えてないが、テツヤの記憶と合わせれば大丈夫だろう。よし、今回はテツヤの特別な場所へ、俺が案内してもらおう」

ラノ・カウの展望台あたりから、黒曜石の散らばる急坂を下り、鬱蒼《うっそう》と茂るシダの中をジグザグに進んでいく。以前あったはずの踏み跡はさすがに消えていて、あのときとは比較にならないほどの深い藪が生い茂っている。パトと二人で這いながら懸命に探索するが、一時間たってもあの場所を見つけることができない。いったん二人で手分けして、パトは山の斜面、自分は火口近くを探すことにした。蛇のようにくねった樹木を押し分け、脆い岩場を越える。湿気の強さで汗が噴き出し、全身はもうビショビショだ。

「おーい、テツヤ、見つかったか」遠くからパトの声。

「ないよ、そっちは?」

「ダメだ」

来た道を戻り、もう一度丹念に探していく。すると、深い藪のその先に、見覚えのある岩影が見えた。ほんの少しだけ上がった藪の中に、埋もれるようにして隠れていたのだ。大声でパトを呼ぶと、猛牛のような勢いで藪をかき分けてきた。

「これか。よく見つけたな」

パトは久しぶりの対面を喜ぶかのように岩を抱き、苔むした彫刻の線をなぞった。聖なる石は、以前見たときよりも、さらに苔に覆われていた。

「風の神ホアハカだ。もう一つがタパティ祭りのモデルになった鳥人儀礼のタンガタ・マヌだ

タンガタ・マヌの彫られた下に、磐座があった

な」

「この岩の下の空間は？」

火を焚いた名残なのか、赤く変色している部分がある。

「祈りの場だ。まだ子供の頃、祖母に連れられて、一緒に家族の健康を祈ったことがある」

遺跡には必ずといっていいほど、祈りの場がある。太古の昔から人々は神々に仕え、祈りを捧げ、幸福な一体感を感じていた。日本には、大きな岩の下で火を焚いて祈ることで、神と繋がるとされる「磐座《いわくら》」という信仰もある。パトは近くの小枝を岩の下に集め、ライターで火をつけた。狭い空間に煙が立ち込

聖なる石は、以前見たときよりもさらに苔に覆われていた。イルカだと思っていた文様は、風の神ホアハカだとパトが教えてくれた

め、目にしみてくる。

「パトとおばあちゃんは、どんなふうに祈っていたの？」

「マウルル、マウルルと静かに繰り返した」

マウルルは現地ラパ・ヌイ語で「ありがとう」の意味だ。

「マウルル、マウルル」

僕は目を瞑り、手を合わせながら祈った。磐座の内部に声が反響し、まるで体のすべての細胞が振動するかのようだ。

やがて瞼の裏に、椰子の木々が生い茂る南国の風景が浮かび上がってきた。遠い水平線からカタマラン船が連なってこちらへやってくる。場面は突然変わり、ラノ・ララクの採掘場へ。ノミをふるって凝灰岩を切り出し、黒曜石でモアイを磨いている石工たちの姿。鳥の羽をつけた若い男が、皆に囲まれて華麗な舞を舞っている。島はどんどん緑が濃くなり、やがて熱帯雨林のようなジャングルに。林床には虹色の花々が絨毯のように咲き誇っている。倒されたモアイはふたたび台座に戻され、首や胴体には蔦《つた》が絡まりあっていく。背後のカリビアンブルーの海には、ピンクや赤色の珊瑚が輝き、砂浜では大宴会が開かれている。その中心でパトがお得意の蒸し焼き料理〝ウム〟を皆に振る舞い、僕もビール片手に幸せそうに笑っている……。

「テツヤ！　おい、テツヤ！　大丈夫か」

気づくと僕はパトの太い手で磐座から引きずり出されていた。

夢ではない、あまりにはっきりしたイメージが脳裏から離れようとしない。僕が見たものは、過去の島の姿だったのか。それともこれからの島の姿だったのだろうか。

パツッ、パツッ。

雨粒が葉っぱに落ちてきた。森に透明な雨が降ってくる。

「祖母が話してくれたことがある。すべての石には記憶が宿っている。マウルルと声を出して祈れば、その記憶と繋がれる瞬間があるのだと」

パトが優しく肩を叩き、僕は静かに立ち上がった。そして二人でまた藪をかき分けながら、ゆっくりと帰り道を辿りはじめた。少しだけ肌寒さを感じたが、体の中は不思議な暖かさに満たされていた。

おわりに

この本の前半が、イースター島の表の顔を紹介したものだとすれば、後半は隠された秘密の素顔を、初めて白日のもとにさらしたものといえるかもしれない。ガイドブックはもちろん、ネットで探してもまず見つけることができない、特別なガイドが導く特別なイースター島。その最深部への旅の記録を、読者の方々に共感していただけるよう、できるだけ臨場感をもって再現してみたつもりだ。

この一冊でイースター島のすべてを語りきれるわけではないし、まだまだ探索を続けたいと思うほど、この小さな島の奥行きは限りなく深いが、モアイの持つ意味や役割について、現時点での僕の考えを少しだけまとめておきたい。

一般にモアイは部族の守り神であり、時代と共に巨大化していくのは、権力を誇示するためであったとされている。その一方で僕は、モアイが島民たちにとって、何らかの道具や装置のような役割を持っていたのではないかとも考えている。

アナ・カイ・タンガタの壁画を夏至の夕日がスポットライトのように照らして以来、僕はコンパスとGPSを使い、島中のモアイを調査した。その結果、いくつかのモアイが、夏至や春分秋分の日の入りの方向と、正確に一致する角度で立てられていることが分かってきた。例えば四つの手を持つアフ・フリ・ア・ウレンガの向いている方角は、冬至の日の出方向とぴたりと一致する。島の内陸部に立つモアイ、アフ・アキビの台座は、一ミリメートルの狂いもなく南北に正確に合わせせられ、その上に立つ七体のモアイは春分秋分の日の入り方向をまっすぐに見つめている。さらに、島最大の一五体のモアイが立つアフ・トンガリキの向きは、夏至の日の入りの方向と見事に重なっている。

季節の節目を知ることは、食料となる渡り鳥が訪れる時期や、農作業の頃合いを知るために重要な意味を持つ。ここから古のラパ・ヌイ人が太陽の動きを観察するため、モアイを暦として利用していたのではないかという仮説が成り立ってくる。

モアイの役割に対するもう一つの考えは、死者の魂を天上に送り届けるために、島民たちが少しでも天に近づけようとして作った、巨大な塔や柱だったのではないか、というものだ。

長野県に御柱《おんばしら》祭《まつり》という奇祭がある。急斜面を猛烈なスピードで滑走する大木に、大勢の男たちが群がり、ときに振り落とされ、死者まで出すような勇壮な祭りだ。この祭りでは、深い森から一〇トン以上の重さの大木を切り出し、山から里へと人力だけで運んでいく。生命を絶ったばかりの大木を、数百人で曳く間に、人々の深い信仰心が少しずつ木に染み渡り、新たな生命が吹き込まれて、里に降りる頃には「神木」となる。この神木が、社殿を守るように四方に配置されたとき、神と社《やしろ》（人々）を繋ぐ「御柱」という存在に変わるのだという。

僕は、人々の思いと叡智《えいち》の詰まったこの神木とモアイは、同じような意味を持つのではない

イースター島には、天と地を結ぶ「モアイ」という御柱が立っていた

かと考えている。島の海岸沿いに立ち並ぶ、数多くのモアイ像。その姿を鳥の眼で俯瞰《ふかん》すれば、きっと島全体が、天と地を結ぶ御柱に囲まれた聖地に見えてくることだろう。いずれにしてもこうしたアイデアについては、今後別の形でより突き詰めていきたいと思っている。

最後になりましたが、名ガイドのパトを筆頭に、カルロスやキオエなど多くの島の仲間たちのお蔭で本書を刊行することができました。文章については友人の高野文隆氏、出版に際しては中公新書編集部の酒井孝博氏をはじめ多くの方々に大変お世話になりました。この場をお借りしてお礼を申し上げます。
そして本書を読んで下さったすべての方々が、今日もたくさんの幸せに包まれることを心より願っています。

野村哲也

野村哲也（のむら・てつや）

1974年，岐阜県生まれ．高校時代から山岳地帯や野生動物を撮りはじめ“地球の息吹”をテーマに，アラスカ，アンデス，南極などの辺境地に被写体を求める．2007年より２年ごとに住処を変えるライフスタイルを続け，現在までに南米チリのパタゴニア，南アフリカ，イースター島などに移住．今までの渡航先は102ヵ国に及び，秘境のツアーガイドやテレビ番組制作にも携わる．スライドショーなどの講演活動で国内外を飛び回っている．

著書『ペンギンがくれた贈りもの』（風媒社，1999）
『砂漠の花園』（福音館書店，2003）
『プーヤ・ライモンディ　100年にいちど咲く花』（福音館書店，2005）
『人と自然がであう場所　僕のデナリ国立公園ガイド』（福音館書店，2009）
『PATAGONIA』（風媒社，2010）
『パタゴニアを行く―世界でもっとも美しい大地』（中公新書，2011）
『世界の四大花園を行く―砂漠が生み出す奇跡』（中公新書，2012）
『イースター島　ちいさくて大きな島』（福音館書店，2015）
ほか

URL http://www.glacierblue.org
https://www.facebook.com/fieldvill1213

カラー版《ばん》　イースター島《とう》を行《ゆ》く
―モアイの謎《なぞ》と未踏《みとう》の聖地《せいち》
中公新書 2327

2015年６月25日発行

著　者　野村哲也
発行者　大橋善光

本文印刷　三晃印刷
カバー印刷　大熊整美堂
製　本　小泉製本

発行所　中央公論新社
〒100-8152
東京都千代田区大手町 1-7-1
電話　販売 03-5299-1730
　　　編集 03-5299-1830
URL http://www.chuko.co.jp/

Published by CHUOKORON-SHINSHA, INC.
Printed in Japan　ISBN978-4-12-102327-8 C1226

地域・文化・紀行 t2